京都　上賀茂神社と水のご縁

葵《あふひ》

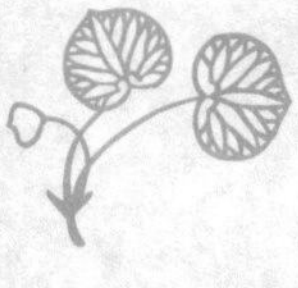

淡交社

監修……一般財団法人葵プロジェクト
協力……味の素AGF株式会社

目次

はじめに

葵を飾り馬を走らせてまつりをせよ

とは、京都洛北に鎮座します世界文化遺産、通称・上賀茂神社（正式名称・賀茂《かも》別雷《わけいかづち》神社《じんじゃ》）のご祭神、賀茂別雷大神《かもわけいかづちのおおかみ》が、ご降臨になられる時のお告げです。

今からおよそ二六〇〇年以上の昔、上賀茂神社から二キロほど北に位置する神山《こうやま》に葵を飾った事でお降りになられた時から、葵は神様と出逢える草として神聖なものとされました。平安時代、『源氏物語』や『枕草子』に記されている「葵」は「あふひ」と書き、「会う・逢う＋神霊（ひ）」と解釈されました。それ以来、葵を飾るという行いは、神様のご出現を仰ぐ、また神様のご神徳《しんとく》が更に発揮されるという理解となります。

それとともに、「会う・逢う」という解釈が人々の出逢いにまで結びつき、まさに「結ぶご縁」という理解に広がっていきました。事実、平安時代にはその掛詞《かけことば》として「葵」が和歌にもしばしば紹介されています。

このたびの出版はまさに葵のご縁の結実と言えるものです。上賀茂神社の最大のおまつり、葵祭（正式名称・賀茂祭《かもさい》）に飾る草、二葉葵が激減している事に危機感を覚え、全国の多くの方にお分けし、お育て頂く事で、葵祭前に里帰りを果たす活動を続ける「葵プロジェクト」代表理事の熊倉功夫先生を始め、同プロジェクトの先生方にご専門のお立場から葵の意味合いを深めて頂くお話を各章でご執筆頂いております。

平成二十七年の第四十二回式年遷宮をお祝いするかたちで、味の素ＡＧＦ株式会社様には境内に湧き出る神山湧水《こうやまゆうすい》に合わせた「神山湧水珈琲 煎」を開発して頂きました。二葉葵をシンボルとしたこの珈琲をご縁に、ＡＧＦ様の全面的なご協力の下、上賀茂神社や葵への知識を深める内容の書籍が淡交社様より出版の運びとなりました。
　ステイ・アット・ホームと言われるこの時期、コーヒーを片手に歴史や環境問題にも思いを馳せ、珈琲開発秘話も収められたこの一冊を、少しでも穏やかな気持ちでお読み頂けます事を祈念して、はじめの挨拶とさせて頂きます。

令和三年十月一日
コーヒーの日に寄せて
賀茂別雷神社　第二〇四代宮司
一般財団法人　葵プロジェクト副理事長
田中　安比呂

上賀茂神社と葵祭

葵祭と聞いて皆様は何を想像されるでしょうか？　きらびやかな平安絵巻さながらの行列でしょうか？　それとも、上賀茂、下鴨両神社内での神事でしょうか？　または、『源氏物語』での車争いの段でしょうか？　そうです、全て葵祭です。正式には賀茂祭《かもさい》と呼ばれ、平安文学ではただ単に「まつり」と言えば葵祭の事を指すほどに都人《みやこびと》の心を魅了してやまない存在でありました。実は葵祭という表現が定着したのは、平安時代よりずっと後の江戸時代、元禄文化が盛んになった時からです。では、何故葵祭は、始まったのでしょう？　そして一四五〇年以上経った今もなお受け継がれているのでしょう？　それでは、そんな疑問を一緒にひもといてみましょう。

　実のところ起源は、疫病とも関係があります。記録には欽明《きんめい》天皇（ご在位　５３９～５７１）の御代《みよ》と伝えられています、丁度、日本に漢字や仏教が伝来した時代、古墳時代後期のお話です。

　天候不順により、作物は実らず人々は飢えに苦しんでいたそうです。お天気が順調でないため、とうとう疫病も発生し、国内は大いに乱れたという記録があります。その時の天皇であった欽明天皇は、この原因が何処にあるのであろうと思われ、神様に問いかけをされます。現在の奈良県の桜井市に当時の御所があり、その中に卜《うらな》いを専門とする部署「卜部《うらべ》」がありました。天皇は、卜部に所属していた壱岐《いき》国（現・長崎県）の卜部伊吉若日子《うらべのいきわかひこ》（若い男性という意味）に、卜いを命じられました。す

上・葵桂で飾られた中門を入る神職
下右・勅使《ちょくし》ご差遣《さけん》だけでなく、賀茂祭以外の節目には親しく御参拝遊ばされる
下左・勅使参向の下、拝礼場所へ向かう参列者代表

本《ほん》殿《でん》祭《さい》

葵祭当日午後、葵桂で飾られた上賀茂神社では社頭《しゃとう》の儀に先立ち、本殿祭を行います。本殿祭では、庭積神饌《にわづみしんせん》を納めた唐櫃《からひつ》を先頭に宮司《ぐうじ》、祭員、参列者が社務所より修祓《しゅばつ》を経て、本殿に参進します。そして、宮司一拝、御扉開扉《みとびらかいひ》、神饌を差し上げ、祝詞《のりと》が奏上されます。

るとその原因が、

賀茂の大神の祟《たた》りである

という結果が出ました。この祟りという意味は今現在使う意味とは少し違います。本来すべきおまつりごとが丁重に出来ていない事により、本来の順調な世の中の巡り方が崩れてしまっているという意味になります。この結果、欽明天皇は、急ぎ賀茂社に御使いを遣わされて丁重なおまつりをなさいました。ようやく国内は穏やかになり、作物が実ったという記録。これが葵祭の起源です。ですが、その時にどういう丁重なおまつりをするのが相応しいのか？　ここで当時決められたのが、上賀茂神社の神様が神山《こうやま》にご降臨になる時に行った事と同じおまつりをするのが相応しいとなりました。つまり、

葵を飾り馬を走らせてまつりをせよ

とのお告げをそのまま再現するおまつりです。これが現在でも行列の人々、京都御所や上賀茂・下鴨両神社境内に二葉葵を飾っておまつりを行っている理由になります。

その行列も今年、昨年と二年連続で感染症対策として行列（路頭《ろとう》の儀）のみ中止となりました。新聞を始め多くは、葵祭の中で、異例の出来事という報道がされました。果たしてそうでしょうか？

葵祭の長い歴史の中で、上賀茂・下鴨両神社境内でのおまつりは途絶える事なく続けられてきましたが、行列は大きく三度中断する事態がありました。

一度目の中断は、京の都が戦火《いくさび》に覆われた応仁の乱から、徳川綱吉の時代までの二百余年。元禄7年（1694）に霊元《れいげん》上皇のおぼしめしも

「葵を飾り馬を走らせる」儀式、走馬

あり、再興されました。

二度目は、明治維新による東京奠都《てんと》以降、欧米列強を視察した岩倉具視《いわくらともみ》が日本に伝わる伝統文化を護る事が大切であると明治天皇に上奏《じょうそう》（ご報告申し上げる事）し、明治17年（1884）、明治天皇の御裁可によって、旧儀《きゅうぎ》と呼ばれる古くより伝わる作法にて再興することになりました。ここで、現在と同じ新暦の5月15日という日が定められます。

三度目は、先の大戦の中、昭和18年（1943）から。戦後復興途上、市民から行列を復活させるべきという気運が盛り上がり、同28年に葵祭行列協賛会が結成され、勅使《ちょくし》列という行列が復興します。そして同31年、葵祭行列保存会が結成され、斎王代《さいおうだい》列という行列が組み込まれて現在の形に整いました。

その様な行列中断の時期は、一四五〇年以上続く葵祭の中では、全体から見ておよそ18％の中断時期といえます。そう考えますと昨今の二年連続の行列中断は決して異例の出来事ではないと理解出来るのではないでしょうか？

この葵祭の本来の意味は、歴代天皇のお使い（勅使）が必ずお見えになり、全ての方のお幸せを両賀茂社の神々に祈る事にあります。今年ももちろん、その儀式は行われました。ここでは、写真とともに、少し穏やかなお気持ちで今も伝えられる「葵を飾り馬を走らせる」儀式をご覧頂こうと思います。

社頭《しゃとう》の儀

本殿祭を終える頃、御所から下鴨神社を経て上賀茂神社に斎王代をはじめとする一行が到着します。斎王代は葵桂で飾られた腰輿《およよ》から降りて他の一行と同様に、一ノ鳥居から白砂の参道を参進します。

天皇の使者である勅使は橋殿にて人々の安寧を祈願する御祭文《ごさいもん》を読み上げ、天皇から託された御幣物《ごへいもつ》を宮司が預かり本殿御扉奥に奉ります。供え終えた宮司は岩上に蹲踞《そんきょ》して、神の御意志を伝えます（返祝詞《かえしのりと》）。葵祭の中心となる大切な神事です。

葵祭を支える葵プロジェクト

一般財団法人葵プロジェクトとは

葵祭に飾る葵（二葉葵・フタバアオイ）を京都府内外の学校や会社、個人が育て神社に納めていただく活動です。育てていただいた葵は上賀茂神社の葵の森を経て葵祭の飾りとして活用させていただきます。また、葵を育てることを通して自然や文化を次世代に継承することを目指しております。

はじまり

新緑が美しい5月15日の葵祭では、葵を桂の小枝に編み込んだ葵桂の飾りで奉仕する人々の胸元や烏帽子《えぼし》などを彩り、行列をおこないます。行列だけでなく、上賀茂神社の社殿や御簾《みす》にもその緑が美しく輝きます。

そんななか、「最近は里山でも葵をみかけることが少なくなりましたね」という声が地域のみなさまからささやかれるようになりました。葵プロジェクトは最初、こうした葵の減少を心配した方々がそれぞれに葵を育て、神社に奉納するという市民活動からはじまりました。やがてより広い活動を求めて平成22年（２０１０）、ＮＰＯ法人葵プロジェクト（初代代表・故芳賀徹）が上賀茂神社の社務所の中に設立されました。そして10年の年を経て、令和2年より一般財団法人 葵プロジェクト（代表・熊倉功夫）とかたちをかえ、現在にいたります。

小学生が育てる

はじめに、上賀茂の名を持つ京都市立上賀茂小学校で育ててもらうことにしました。葵の苗を分け花壇に植えていただき、生徒に水やりなどお世話をしてもらいました。そうすると、なんと次の年に葵は三倍にも増えました。

その評判は近隣の小学校にも伝わり、やがて静岡県、福井県、愛知県などの小学校でも育ててくださるようになり、その輪は少しずつ広がりはじめました。

教育団体、企業、全国のみなさまへの広がり

今では小学校だけなく、中学校、高等学校も参加してくださるようになり、環境に関心を寄せる企業や全国の皆様からも問い合わせをいただくようになりました。

出版への思い

小さな葵が結ぶご縁を大切にし、今までご支援いただきました多くのかたへの感謝の気持ちと、はじめて葵に出逢われたかたへの素敵な巡り会いの機会となりますように、味の素ＡＧＦの皆様のお力添えの下、心を込めてこの本をお届けしたいと思っております。

葵の絆が世界の絆となり、清らかで豊かな世界が広がりますことを祈って。

一般財団法人葵プロジェクト
事務局　　高瀬川薫子

賀茂の葵と徳川の葵

宇野日出生

上賀茂《かみがも》神社と下鴨《しもがも》神社の神紋は葵です。この両社以外にも葵を紋とする神社はあるのですが、とりわけ上賀茂神社の葵には、歴史に隠されたとんでもない秘密があるのです。ここでは上賀茂神社の葵に焦点をあてつつ、特に近世初頭から現在に至るまで、葵のミステリーを詳しくみていきたいと思います。

実はこのようなことがわかるようになったきっかけには、上賀茂神社に残された膨大な古文書《こもんじょ》の存在があるのです。長年にわたって調査研究をした結果、いろいろなことがわかってきました。その一つに葵があって、「三葉葵《みつばあおい》」の家紋で有名な徳川将軍家とのかかわりもわかってきたのです。大発見でした。本書は葵をテーマにしていますので、とりわけ徳川の葵との関係については、より深く紹介したいと思います。

上賀茂神社の古文書

いきなり小難しい内容となりますが、重要な事柄ですので、まず冒頭でお話しておきたいと思います。上賀茂神社の古文書は約一万四千点あり、記されている時代は古代から近代以降にまで及びます。平成18年(2006)には、全点数が国の重要文化財に指定されました。それに向

上賀茂神社本殿大棟に輝く金色の立葵

けての調査は平成9年から始まり、同14年に終了しました。多くの調査員の動員もさることながら、毎月一週間に及ぶ整理作業は苦難の連続でした。上賀茂神社の諸史料の調査のなかでは、過去最大級の調査であったことに間違いありません。

古文書の総目録は実に八百ページ程で、厚さにして5センチ近くあり、手にするとずっしり重いです。古文書目録中の解説文だけで八十ページくらいあって、これだけでも立派な本といえましょう。上賀茂神社文書の特徴は、社殿や祭礼に関することのほかに、神社を支えていた大勢の神職たちの組織や行動がわかる中世以来の重要史料を多く含んでいるところにあります。さらに中世文書では、全国に分散した社領や戦国武将たちの文書、近世文書では配下の貴船《きふね》神社（京都市左京区鞍馬貴船町）の史料や神職日記・絵図類など、まさしく質量ともにわが国の神社文書としては最上級に位置するものなのです。

したがって、かかる古文書を丹念に読み込んでいくことによって、上賀茂神社のことやその周辺のこと、さらには各時代の社会構造の事柄などが、だんだんとわかってくるのです。それほどまでに、この上賀茂神社の古文書とは素晴らしいものなのだ、ということをおわかりいただきたいのです。

神聖な象徴から権威の象徴へ

では話をもう一度、葵のことに戻したいと思います。上賀茂神社と下鴨神社の祭礼には、有名な葵祭があります。今では葵祭という名前で広く知られ定着していますが、実はこの名称、江戸時代から呼ばれるようになったいわゆる俗称で、正式には今も賀茂祭《かもさい》が正しい名前です。昔から京都で祭りといえば、この賀茂祭をさすほど著名な祭礼として賑わってきたことも事実でした。

そしてこの祭りには、象徴的な植物が常に存在していました。葵です。祭りにかかわる人たちは、必ず葵を身につけて参列しましたし、家屋にも葵を飾ったのでした。両賀茂社の神紋もフタバアオイ（二葉葵）ですし、祭りにかかわる人々の信仰のシンボルでもありました。そもそもいにしえ人は、「葵＝あふひ」すなわち「逢ふ日」をかけた言葉としても重用したのでした。ではこの葵とは、いったいどのような植物なのでしょうか。

賀茂社に使われている葵とは、ウマノスズクサ科に属する植物であって、フタバアオイもしくはカモアオイを指しています。古来、「葵」の文字を使用しているのですが、実はこの文字は本来ゼニアオイやゲンノショウコに属するアオイに用いられるものなのです。フタバアオイ・カモアオイに「葵」の文字を用いることは誤りなのですが、慣用文字として使用され、現在に至っても常用されているのです。

葵は古くから両賀茂社の神事に用いられた植物で、平安時代においては賀茂祭における象徴的な霊草としての扱いを受け、また神聖視されてきました。したがって両賀茂社の神紋として位置づけられたことは、極めて自然な流れといえるでしょう。なお神紋としてみた場合、現在は「立葵《たちあおい》」が使われていますが、さらに図案化された「二葉葵」も併用されています。ちなみに本殿の大棟には、金色の立派な立葵がすばらしい輝きをみせています（19頁）。また賀茂祭の時には、上賀茂神社の内陣《ないじん》神饌《しんせん》として、立葵が彫られた金盃に神酒がそそがれて神さまに供えられます。これらのことは、明らかに葵にかかわる神聖の表現として捉えることができるのです。

かたや葵は、家紋としても使われるようになりました。とりわけ顕著なことは、徳川家が松平家の流れより葵の紋章を用いたことでしょう。これは本《もと》を正せば、三河国（現・愛知県東部）の松平家や本多家の、賀茂社に対する信仰に由来しているのです。三河国には賀茂社の神領があって、郡内には加茂郷が点在していました。松平家・本多家は、先祖が祀った賀茂社に深いかかわりのある葵を家紋に選んだのです。さらに松平家の

内陣神饌として供えられる金盃には立葵が彫られている

系譜を引く徳川家では、従来の二葉葵をデフォルメした三葉葵を新たに家紋としました。後に政権を手中に収め、江戸幕府を開いて一族が繁栄をほしいままにするようになると、この葵は従来の信仰というかたちから変容して、一気に権威の象徴へと変わっていくのでした。

植物としての葵と徳川家家紋としての葵には、実はこのような歴史的経緯があったことを知っておくことが大切なのです。

「賀茂の葵」の祭の歴史

では葵という植物名に代表される祭礼「葵祭」とは、一体いかなるものだったのかを次に説明したいと思います。

すでに触れたように、現在葵祭と称されている祭りの正式名は賀茂祭です。賀茂祭とは、古くより山城国（現・京都府南部）の賀茂地域一帯において勢力を有していたカモ一族が、五穀豊穣等を祈願した古代祭祀をその始まりとしています。祭祀は平安遷都以降、賀茂社が王城守護の神社として位置づけられるようになると、朝廷所管の公式祭祀たる勅祭《ちょくさい》として執り行われるようになりました。年を重ねるにしたがって規模も大きくなり、京の都にふさわしい威厳をもった祭礼となっていったのです。

平安時代初頭には、未婚の皇女たる賀茂斎王《さいおう》(斎院)が奉仕するようになりました。これは伊勢の神宮に定められた伊勢斎王(斎宮)の制度に準拠したものでした。このようにして賀茂社は、伊勢の神宮につぐ朝廷公認の社としての地位を築くようになったのです。なおこの賀茂斎王については、現在では京都市内の未婚女性から選ばれた「斎王代《さいおうだい》」なる新しいかたちのものが復元されています。昭和31年(1956)からの復元ですが、往時を彷彿とさせるものがあり、毎年この役をつとめることになる女性は、何かにつけ世間から注目されるのです。

さて賀茂祭の祭礼当日には、葵(神草)・桂(神木)が内裏《だいり》殿舎《でんしゃ》にも飾り付けられましたし、勅使・斎王をはじめとした参列者の装束にも、葵はしっかりと付けられました。葵を冠などに付けて「路頭《ろとう》の儀」を行う参列者のようすは、江戸時代に描かれた『賀茂祭詞書』にも、はっきりと描かれています。また上賀茂神社

上・豪華絢爛な賀茂祭「路頭の儀」のようす。冠などに葵が飾られる
(『賀茂祭詞書』上賀茂神社所蔵)

の内陣神饌を見てみると、神饌のなかに葵桂が存在します。葵三十二茎を井桁《いげた》状に組んで、そのなかに桂一本を挟んだ形のものを小円座《こえんざ》の上に載せ、さらに全体を丸盆に載せて供します。

賀茂祭とは「宮中《きゅうちゅう》の儀」「路頭の儀」「社頭《しゃとう》の儀」などから構成される勅祭の名にふさわしい豪華絢爛たる祭礼であり、まさに王朝絵巻を見るがごとき美しさをはなっています。その祭礼に、必ず象徴的な役割をはたしてきたのが葵だったのです。この神聖なる葵の存在は、神社と祭りをつとめる人たちの信仰を表現するうえで、なくてはならぬ植物として確立していたことを物語っています。

さて賀茂祭は、古来秋冬に営まれた臨時祭も含めて毎年行われてきましたが、不幸にも応仁・文明の乱（１４６７〜７７）以降は途絶え、再び元禄７年（１６９４）に再興されるまでの約二百年間、中断したのです。しかし両賀茂社内では形式的に祭りは執り行われていましたし、宮中でも葵を室内に掛けて「御内祭」としてなされてきました。このように賀茂祭とは、葵と切っても切れない関係にあったことから、江戸時代初頭頃には「賀茂の葵の祭」として呼ばれるようになり、さらに「葵の祭」から「葵祭」と通称されるようになったのです。これが現在「葵祭」と呼ばれるようになったいわれです。

内陣神饌として供される葵桂

徳川将軍家に葵を献上した葵使

賀茂祭が葵祭という呼び名で一般化しはじめた頃、上賀茂神社ではこの植物である葵を一層著名ならしめた儀礼が始まりました。これが「葵使」でした。葵使とは「あおいつかい」「あおいのつかい」と読みます。江戸時代になると、上賀茂神社では境内に自生している葵を江戸城まで運んで、徳川将軍家などに献上するようになったのです。この時の使者を葵使（上賀茂葵使）と呼びました。慶長15年（１６１０）、駿府城の徳川家康に葵を献上したのをその始まりとします。以後大政奉還に至るまで、毎年葵は江戸城まで運ばれたのでした。

　ではさらに、この葵使について詳しくみていくことにしましょう。葵使とは、上賀茂神社の社司《しゃし》（正使）と氏人《うじびと》（副使）の各一名が神社の代表（上賀茂社家惣代）となり、都合十名程度が唐櫃《からひつ》に格納した葵を江戸城まで搬送しました。葵使に社司が加わり、社司・氏人の両人体制となるのは、寛文５年（１６６５）以降のこと。葵使一行は毎年３月に上賀茂を出発し、４月１日に江戸城に登城して将軍に葵を献上しました。献上品の葵は、奉書紙で巻いた鉢に移し替え、根本に青苔を載せ、縁には白砂を

右・建物内に飾られる葵

敷いて形を整えてから差し出したのでした。

私がこの葵使に関する史実を確認できたのは、上賀茂神社文書の整理に携わったことによります。以下は、専門的な史料の話になりますが、説明しておきたいと思います。同社文書約一万四千点のなかに、葵使関係史料一〇九点が含まれていました。また同社の社家《しゃけ》子孫が所有する社家文書（個人の所蔵文書）のなかにも、葵使関係史料一〇点が残されていました。葵使による葵献上のための準備、道中のようす、そして江戸城に登城して献上する次第は、葵使が著した「日記」に詳細が記されていますし、経費に関する記録は、「算用帳」（勘定帳のこと）などに詳述されてい

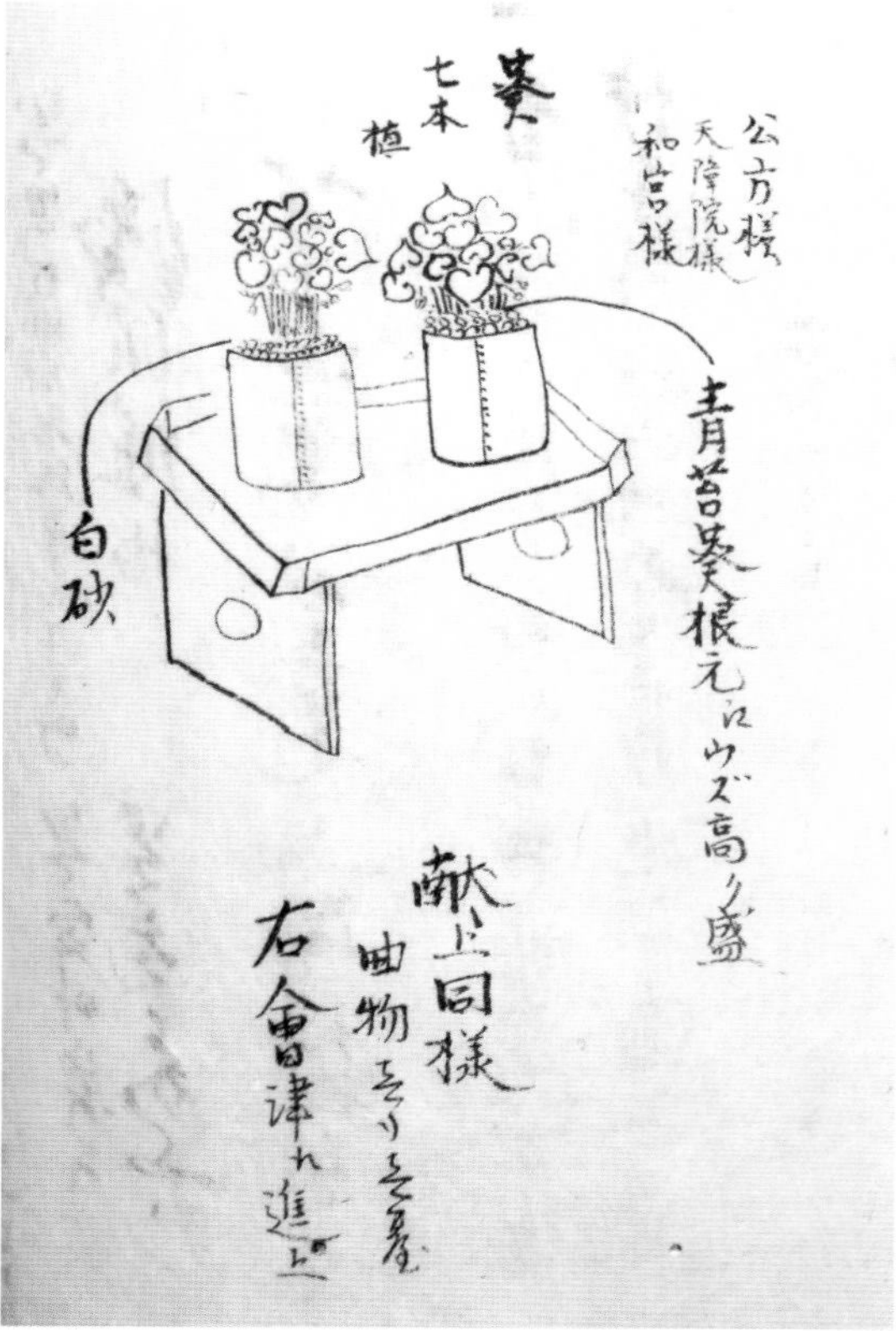

献上される葵の図（元治２年〈1865〉『東行葵使勤方記』所収〈梅辻家文書〉）

るのです。

　ではその史料について、具体的にみていきましょう。史料は大きく二つの群に分けられ、まず一つめは「日記」です。葵使は社司（正使）と氏人（副使）の両人が軸となってつとめ、彼らによって記録された「日記」は、神社に保管されず社家宅に伝えられました。現在、八点の日記が各社家に伝わっています。そのうち最古のものは享保６年（１７２１）『御葵使勤方《つとめかた》日次記《ひなみき》』で、以下宝暦４年（１７５４）、安永８年（１７７９）、同９年、同10年、寛政元年（１７８９）、同２年、元治２年（１８６５）と続きます。毎年行われていた儀礼にもかかわらず、日記史料の残り具合は良くありません。なお享保６年のものについては、拙稿「賀茂別雷神社「葵使」関係文書の翻刻と解説」（『京都産業大学日本文化研究所紀要』第一二号・第一三号、２００８年・２００９年）を参照いただければ幸いです。

　二つめは「算用帳」の類です。百点以上にのぼる大量の算用帳や算用状は、全点が上賀茂神社所蔵です。この史料は二タイプあって、葵使が帰京するとまず「目録」「小日記」「進物帳」と題した葵献上にかかわる品目帳簿が作成されます。この作成業務については、社家のなかでも渉外担当の雑掌《ざつしょう》・差副《さしそえ》（添）が行いました。帳簿ができあがると、収支決算の「算用帳・算用状」が作成されます。作成業務は、社家のなかでも財務担当の沙汰人《さたにん》が行いました。算用の形態については、正保３年（１６４６）以降からは、一紙（算用状）の形式から帳面（算用帳）の形式に変わり、記述も支出細目を立項せず合算集計の方法に変更されました。前者の雑掌・差副が記録する帳簿は、寛永16年（1639）から元文2年（1737）まで残っており、当初は『葵下買物目録』『葵下小日記』『葵下御進物之帳』と題書きされていましたが、万治2年（1659）からは『江戸葵進上之下小日記』といった具合に、徳川家を意識して帳簿表題が「葵下」から「葵進上」へと変更されるようになりました。ともあれ算用類の史料は、社家のなかでも記録や経理に携わる役目の者たちによって記され、この

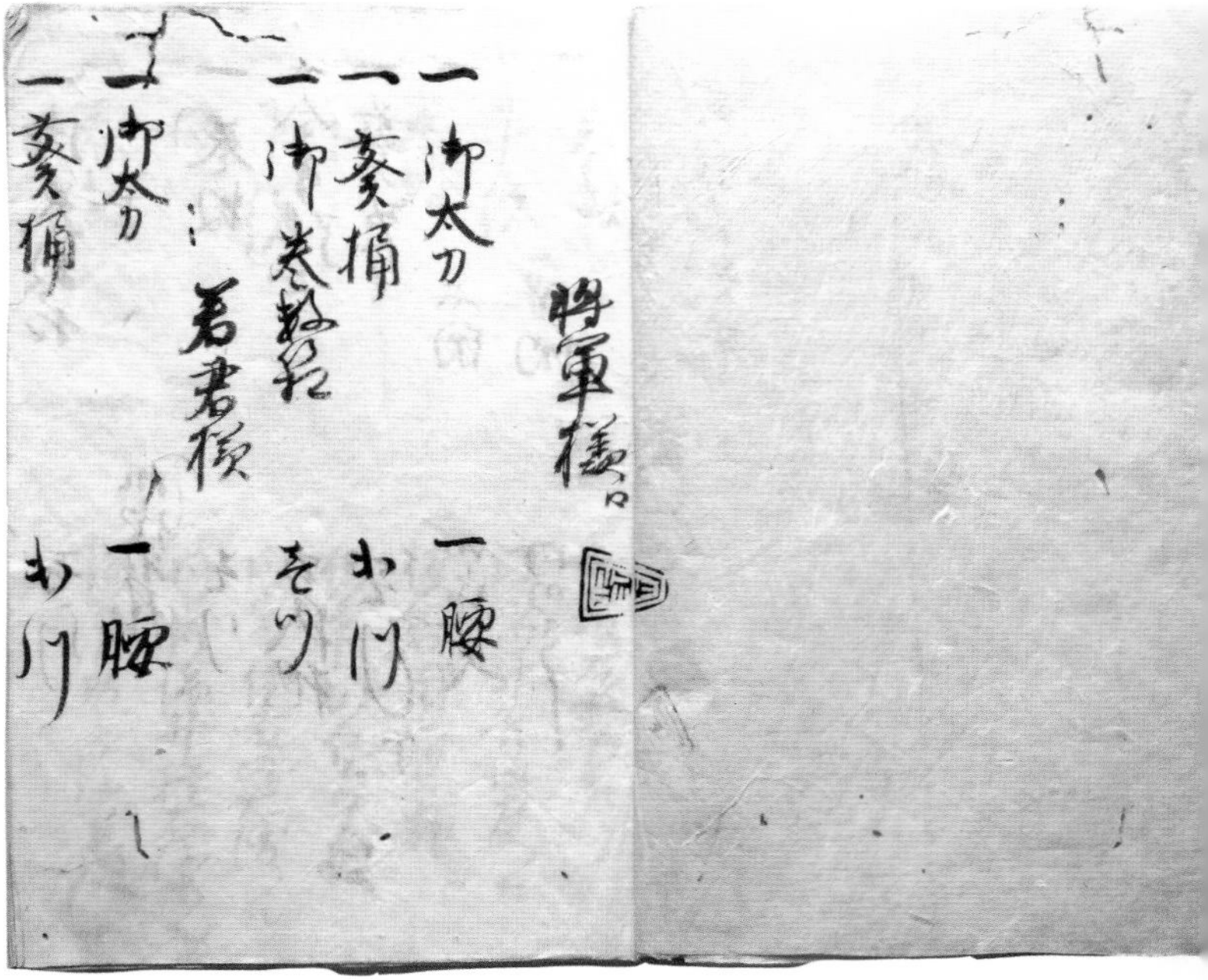

「将軍様（徳川家光）」と「若君様（徳川家綱）」に葵などを献上したことが記されている。（『葵下小日記』寛永21年〈1644〉）

関係史料については神社に一括保管されたことが知られます。したがって著しく散逸せず、現在まで残ったということになるのです。

葵献上に関わる経費については、帳簿からみていきますと基本的には社家が負担したことがわかります。社家以外では、上賀茂7町の百姓や寺庵、貴船村在住者も含まれていました。つまり社家を中心に、上賀茂一円及び他村まで含んだ大がかりな組織的儀礼だったことがわかるのです。また葵使一行の道中については、関所・渡船許可などの事前決裁は全て京都所司代管轄で、道中では格別の待遇を受けています。帰京後は、所司代や町奉行に対して、必ずお礼の報告を行いました。

賀茂信仰と将軍家

先に触れたとおり、葵使に関する詳細な記録としては、享保6年（1721）の『御葵使勤方日次記』が最古です。この記録（日記）を読むと、葵使の実態が大変詳しくわかってきます。そこで以下、この日記に書かれてあることをまとめておきたいと思います。

この年、正使の社司は富野季隆、副使の氏人は山本兼斎でした。3月早々から準備が始められました。渡船のための舟川証文の申請については、従来は京都所司代の決裁事項でしたが、この年は所司代が不在だったため、京都町奉行が取り扱いました。続いて葵使の支度料、評議所における門出の料理、随員の依頼、祝宴、所持品一式の梱包などが要領よく進められました。

3月13日、江戸に向けて出発。石部（現・滋賀県）、石薬師（現・三重県）、宮（現・愛知県）、赤坂（現・愛知県）、浜松（現・静岡県）、島田（現・静岡県）、江尻（現・静岡県）、三島（現・静岡県）、小田原（現・神奈川県）、戸塚（現・神奈川県）、品川（23日に到着）といった具合に歩き進め、十一日間かけて江戸に到着したのでした。4月1日には正装して江戸城本丸御殿に登城し、松の廊下を通って、白書院にて将軍へ葵を献上しました。将軍からは返礼として金子が渡されました。同7日には再度登城し、将軍から時服《じふく》（衣服）を賜っています。同16日の再登城では、巻数《かんず》を献上しました。そして翌17日には帰京に向け江戸を出立。27日には上賀茂に無事帰着しました。その後に、京都所司代や町奉行へお礼の報告がなされています。

以上が日記に書かれていました。なおもう少し他の史料をもとにして、献上品のことについて触れておきたいと思います。葵使による将軍への葵献上の内実とは、正確にみると次のようになります。将軍への献上品は、葵桶・巻数・太刀・折紙を指します。大名や旗本衆など四〇〜五〇人にも、葵のほかに巻数・御札・扇子・下緒《さげお》・大緒《おおお》が献上されているの

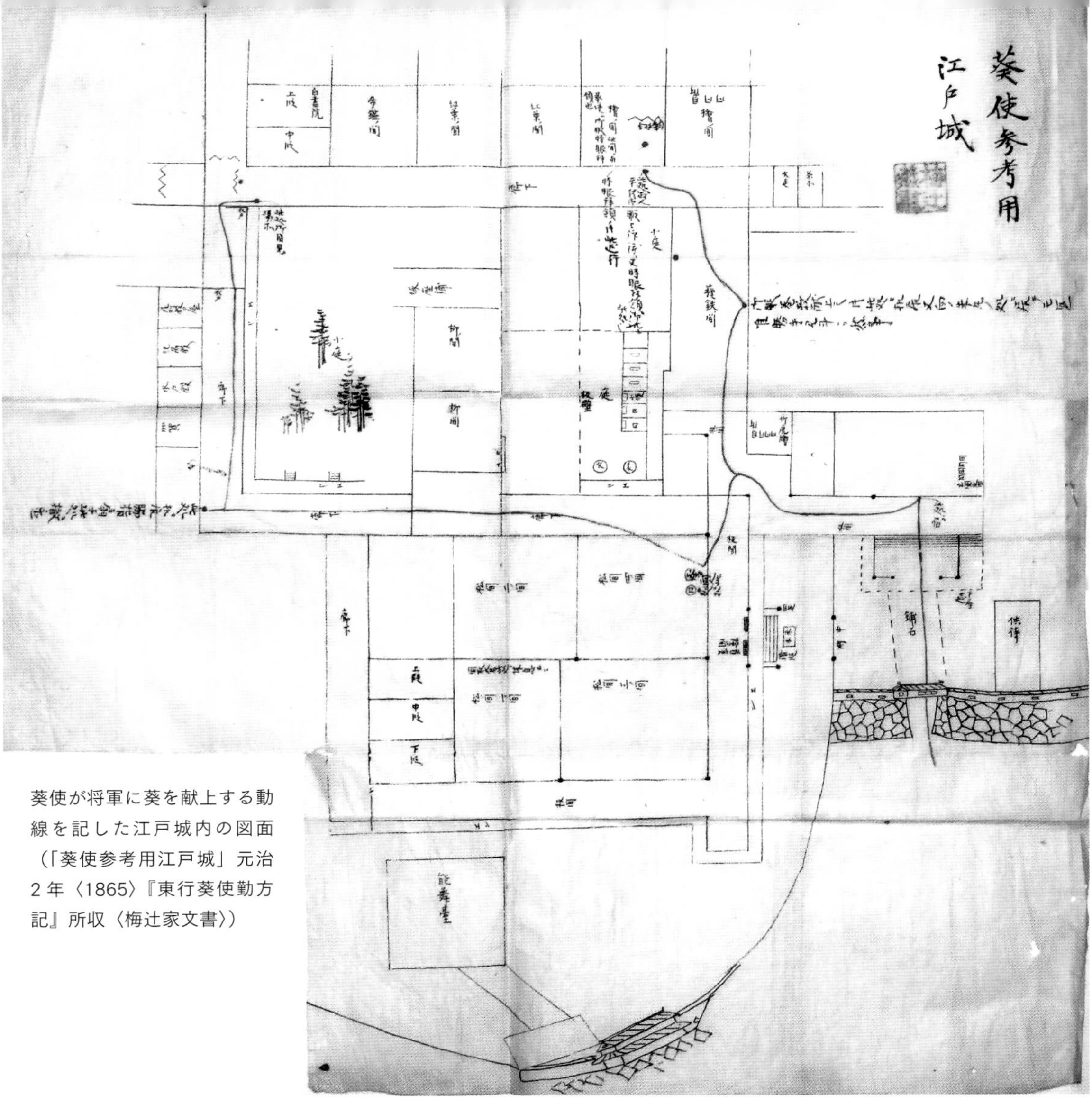

葵使が将軍に葵を献上する動線を記した江戸城内の図面（「葵使参考用江戸城」元治2年〈1865〉『東行葵使勤方記』所収〈梅辻家文書〉）

です。将軍に対してのみ、葵が献上されていたのではないことが知られます。葵使は将軍以下、かなりの人に対しても各種の品を献上していたことがわかるのです。これは大名・旗本衆などの賀茂信仰ともかかわる内情をあらわしており、とても興味をそそられました。

葵使が意味するもの

葵使の実状を述べてきました。葵使による将軍への葵献上とは、上賀茂神社および社家による儀礼であって、神社の祭祀でないところに大きな特徴がありました。したがって政権者たる徳川氏の世が終わる時期、すなわち江戸時代の終焉をもって、この儀礼は終了となりました。

私はかなり政治色の強い儀礼だったと考えています。というのは、徳川家康以前にも一度だけ葵が献上されているです。それはなんと、葵とは全く接点がみられない豊臣秀頼に対してだったのです。慶長20年(1615)4月、極度に政情が緊迫した大坂城の秀頼のもとに、葵が献上されました。おそらく戦国時代に荒廃した社殿を、天正19年(1591)に秀吉と大政所が造替したことによる献上ではないかと思います。ただし葵を献上した翌月には、大坂城は落城して秀頼らは亡くなります。これはもう、賀茂信仰といった次元の話ではないことは容易に察せられます。

江戸時代を通して、上賀茂神社の社殿造替は幕府による作事として、都合八回行われました。重なる社殿造替を可能ならしめるには、上賀茂神社は徳川家と深いつながりが保たれていなくてはなりません。そこに発生し継続された儀礼だったと考えられます。

徳川家からすれば、松平家の系譜を引く大名とはいえ分家筋ですから、徳川という名前の象徴である三葉葵紋の葵についても、確たる権威付けも必要だったと思います。つまり徳川家は、葵の由来と家系の権威を揺るぎないものとするため、由緒や格式ではわが国屈指の上賀茂神社との特別な結びつきを重要視するようになったとみてよいでしょう。

葵使なる儀礼とは、由緒と権威、そして経済的支援といった、極めて意図のからんだうえに築かれた両者の絆と考えられるのです。

葵使の復活

平成19年（2007）4月、一四〇年ぶりに葵使が復活しました。鉢植えの葵が徳川家康の命日に合わせて、上賀茂神社から家康を祀る久能山東照宮（静岡市駿河区）に献上されたのです。現在、上賀茂神社の地元の上賀茂地区では、葵を地域ぐるみで育てています。賀茂に昔から植生していた葵を、みんなで大切に育てているのです。葵を通して、葵のもつ歴史や信仰をもう一度振り返り、これからも神聖なる葵をしっかりとはぐくんでいこうというのです。上賀茂神社では、現在「一般財団法人葵プロジェクト」のもとで、この計画が進められています（14頁参照）。

毎年葵使の行事は行われておりますが、近年行われた復元葵使の一コマについて紹介しておきたいと思います。この企画は年々盛り上がりをみせており、充実した行事となっています。

江戸時代における葵献上の大筋は古文書によってわかるのですが、使者を務める役職の装束、出発・帰着時の次第などの詳細については、古文書には記されていないのです。つまり現在行われている行列や式典の次第は、全て今風のかたちで復元しています。これは仕方のないことです。私が最も感心したことは、この葵使の復元が、現在のイベントと大変良くマッチングしていることでした。

全てが江戸時代の儀礼の完全復元ではないけれど、まず注目したいのは、上賀茂神社の神事として執り行われていることでした。「葵奉献道中安全祈願祭」として、神職が祝詞《のりと》を奏上します。それから葵使の行列が出発します。このように神事として位置づけておけば、これからも続け

久能山東照宮本殿に献上される葵

葵使のために祝詞が奏上される

られるきっかけとなるでしょう。

葵を育てることも、上賀茂神社周辺の小学校が取り組んでいます。現在、京都市立上賀茂小学校と静岡市立葵小学校は、葵を通して交流を深めています。すばらしいことです。

静岡における葵使の儀式は、例年4月初頭に開催される「静岡まつり」のなかに組み入れられています。その年の葵使の正使は裃《かみしも》姿で、駿府城内の特設ステージにおいて徳川家康役の方に、葵をうやうやしく献上し、さらに続いて、静岡市役所前においては静岡市長にも葵を献上しています。

葵という植物を核とした「厳粛な神事・葵の再生・学校間の交流・他都市との連携」などは、現代版葵使の儀礼として考えた場合、非常に意義あるものとして再現されたのではないかと感じました。時代に即した今後の葵使の継承が、とても楽しみです。

葵使の一行が上賀茂神社を出発する

葵使
葵使

むすびにかえて

「賀茂の葵と徳川の葵」について述べてきました。特に葵を中心としてみた場合、祭礼はもちろんですが、葵献上という特殊な儀礼が過去に存在したこと。またそれが神社と徳川家の双方にとって、有意義なものであったことがわかりました。歴史上においても、毎年行われている祭礼や儀式とは、一年欠くだけでその存続が危ぶまれる場合が多いのです。ましてや大政奉還をもって消滅した葵使のことなど、全く忘れ去られていました。同じく葵祭は、もっと長期にわたって中断していた祭礼でしたが、復活しています。でも実は完璧な復元祭礼ではないのです。

昨年より新型コロナウイルス感染症蔓延により、わが国でも多くの祭礼が中止に追いやられました。歴史に刻まれるできごとです。近年のすさまじい社会構造の変化、そして少子高齢化の現実のなかで、ますます伝統的なものは風化の速度を速めていますが、ここに疫病が重なると致命的なダメージを受けてしまいます。各地に伝えられてきた日本人の文化の基軸ともいえる祭礼は、ここ僅か数年の祭礼中止によって変化をきたしてくるやもしれません。

葵が取り持つ文化は、尊いわが国の文化として後世に引き継がねばなりません。しっかりとした気持ちで、次世代に伝えることができるよう、日々研鑽に努めなければならないのです。

葵からひもとく食文化の源流

熊倉功夫

神饌《しんせん》は神様への心尽くしのもてなし

ほとんど半世紀も前のことですが、私はアメリカの東海岸、ケンブリッジという大学町で一年ほど暮らしたことがあります。その時の生活で苦労したことの一つがアメリカ流のホーム・パーティーでした。大学の先生方や院生と家族ぐるみのおつきあいで、おたがいに家に招待する習慣です。招かれれば必ず招きかえさなければなりません。日本ではやったことのないパーティーですので、とまどいながら我家でも開いたものです。

よばれたり、よびかえしたりしているうちに気がついたことがありました。それはアメリカ人のパーティーが、食に関していえば、実に簡素なことです。極端な場合は、はじめにアーチチョークの茹でたのにディップが添えられ、それとフライドポテトくらいをアテにして、ワインとビールを飲みはじめ、延々とおしゃべり。やがてメインの肉料理、といってもハムが一本。つけ合わせの野菜と一緒に焼いたのがでてきて、びっくりしたことがありました。ときによっては山のようなパスタが出てきて終り。あとはアイスクリームと飲みもの。その間にも大量のお酒です。ところが、これが日本人の家に招かれると風景が一変します。ところ狭しと料理が並ぶのです。オードブルも何種類もつくりますし、天ぷらをあげたり、スキヤキをしたり、あげくに寿司（当時、すでに寿司が好きなアメリカ人がいました）まで出したりして、とにかくご馳走攻めです。つまりアメリカ人にとってもてなしは、おしゃべりと酒。日本人のもてなしは料理の腕をふるってご馳走することではないかと思いました。

今回、神饌《しんせん》（神様への、食事のお供えもの）をいろいろ拝見する機会をいただいて思ったこともそこにあります。神饌は祭の添えものではなく、神饌こそが、祭の中核であるということです。鎮座する神、外から招かれてくる神々。そうした神に心をこめ、言葉では表現できないおもてなしをしてさしあげるご馳走こそ神饌ではないでしょうか。

こうしてみますと、食事をさしあげること自体が祭になっている例もあります。石川県能登町に伝わる「あえのこと」です。国指定重要無形民俗文化財にも指定されているこの行事は、田の神を招き入れ、稔《みの》りの感謝と豊作祈願のために田の神を饗応（あえ）することで、田の神が食べ終わったところで、そのお下がりを皆でいただく直会《なおらい》になります。神と人が共にいただくこと（神人共食）が祭の中心です。上賀茂神社でも、すべての神饌は奉仕する人びとに分けあたえられて頂戴したものでしょう。

各地の神社には必ず神饌があります。全国的な分布について私は承知しておりませんが、かつて岩井宏實、日和祐樹両氏が近畿四十四社の調査をまとめています。その内容を通覧しますと、実にバラエティーに富んでいて、系統的に考えることも、単純に分類することもむずかしいことがわかります。神饌は神社ごとに独特なのです。それは、上賀茂神社（賀茂別雷《わけいかづち》神社・上社）と下鴨神社（賀茂御祖《みおや》神社・下社）とでは、同じ賀茂祭でも神饌がかなり違います。上社で目に立つ飛魚は下社では登場しませんし、下社に供される鰆《さわら》や鱒《ます》は上社では使われません。さらに他の神社に比べると、とても同じ神饌とも思えないものもあります。なぜそれぞれ独特なのか。どこからこうした変化が生まれたのか、判然としません。

『定本日本料理』の「様式」篇と『日本料理歳時大観』「伝承十二月」篇は神饌の資料として非常に貴重で、このあともしばしば使わせていただきますが、その「様式」の解説篇に、樋口清之、沼部春友両氏による「神饌」の一文があります。その中で次のように述べられています。

> 明治の神祇制が多くの神社の特殊神事を復活するかに見えて、かえって画一化し、神饌のごときも、生饌を主として熟饌は後退し、やがては所伝さえ忘れられたものが少なくない。そのため、今日においてかつての完全な姿に近いものを見ることは不可能に近くなった。

大きな変更が明治時代の初期にあって、今日の姿から、各地の神饌を本来の姿に戻すことはむずかしいとしています。

ところが上賀茂神社の場合は、戦後、宮司であった座田《さいだ》司氏《もりうじ》氏が研究し、その結果、旧儀に復することができました。したがってこの上社の神饌は明治時代の変更を受ける前の古式をよく残す非常に貴重な例なのです。そこで、賀茂祭（葵祭）の神饌を中心に、上賀茂神社の神饌の全体を紹介してまいりたいと思います。

上賀茂神社の神饌

上賀茂神社の年中行事と神饌について、同社禰宜であった藤木保治氏が詳しく書いた文章から引用しながらみてまいります。氏は次のように記しています。

> 当神社の年中の諸祭はおびただしい数に上っており、これら諸祭にお供えする神饌の種類や盛り方、供え方などは、明治維新までは、多少の変化はあったようですが、なお大体においては鎌倉時代の姿を残していたものと考えられます。

まず諸祭の内で、歳旦祭《さいたんさい》の神饌からみましょう。元旦早朝、内陣《ないじん》神饌二十二台、外陣《げじん》神饌は朱塗八脚案（机）を二台、高杯二台をもって供えられます。いずれも径一尺二寸ほどの朱塗の丸盆に土器をすえ、その上にのせられて供進されます。①屠蘇《とそ》酒、②御箸、③歯朶《しだ》御飯、④⑤餢飳《ぶと》、⑥椎葉《しいば》餅、⑦鯉、⑧鳥（雉子）、⑨生物（塩鯛）、⑩⑪コガキ（生海鼠《なまこ》）二台、⑫⑬雑喉《ざこ》（小鮒）二台、⑭⑮根深（葉付大根）二台、⑯瓜（胡瓜塩漬）、⑰茄子（賀茂茄子塩漬）、⑱積御料《つみごりょう》（かます、飛魚、伊勢海老）、⑲包御料《つつみのごりょう》（御菓子《おんかし》十色、串柿、柑子《だいだい》）、⑳㉑狛御料《こまのごりょう》（狛犬に供う）の二十二台です。それに㉒御酒（御薬）が加わります。

歳旦の内陣神饌では、歯朶御飯につづいて餢飳が登場します。米の粉を練って紐状とし、これを結んだものを餢飳。さらに複雑に結んだ環餅（曲がり餅）と一緒に、紙を筒状にした紙立《かみだて》に入れて土器にのせます。また兎を模したものを添え、これを伏兎《ブト》といっています。これらは大饗料理の唐菓子の名称で、形はちがいますが、古代の饗膳の姿を残すものといえます。

また御扉《みとびら》の外に、外陣神饌を供えます。内陣神饌は生饌が主ですが外陣神饌は、冷汁、潮煮、鯛御鱠、御汁、御焼物といった熟饌や三切物《みきれもの》、平切《ひらきり》、木割《きわり》、刺身というように調理したものが多いことが目を引きます。総じて歳旦の神饌も葵祭の神饌と共通するところが多

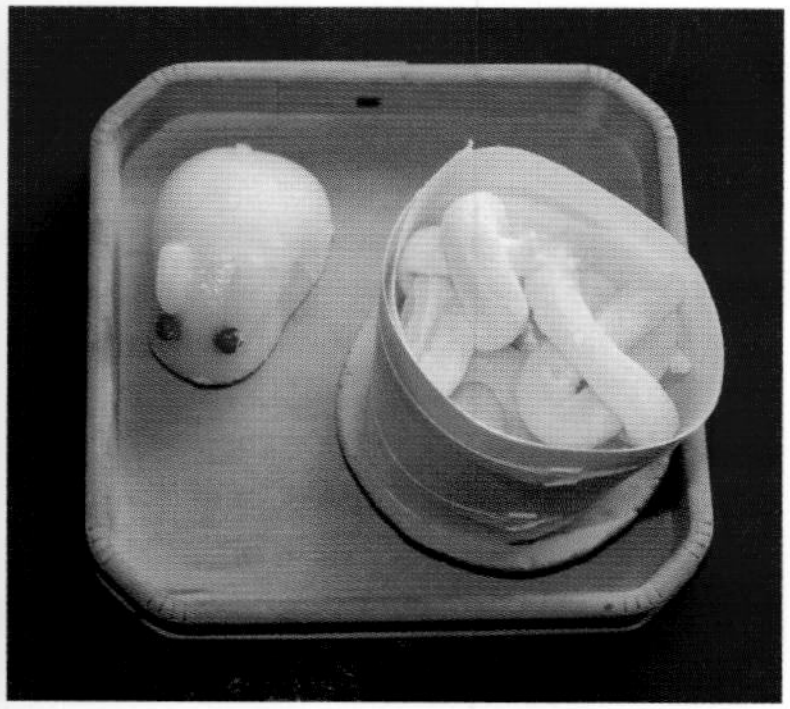

大饗料理の姿を残す伏兎

く、またのちほど比較をしたいと思います。

1月に入って最初の卯の日に、初卯《はつう》神事がとりおこなわれます。卯杖《うづえ》を御景物《おけいぶつ》としてお供えします。つづいて、御飯、御箸、御酒、椎葉餅、鯛、昆布、野菜、果物などが神饌となります。初卯の御景物は宮中に献上されます。

1月14日には御棚会《みたなえ》神事があり、これは上賀茂神社の所領でもあった賀茂六郷（山城国愛宕《おたぎ》郡の内）より納められる貢ぎ物（私饌）であったと考えられています。かつては六郷から一台ずつ、六台の御棚にのせて搬入したようですが、今は一台だけ神事として調進されます。鳥附木《とりつけぎ》という楢の葉つきの枝に雄雉子と白酒を入れた塗物の大瓶子《だいへいし》をぶらさげて肩にかついだ神職が御棚を先導します。四人の白丁にかつがれた御棚には鯉・雉子・打鰒《のし》、鰤子《ぶりこ》、かます、葩餅《はなびらもち》、鯵、合米（饊《はぜ》、吹上、水飴）、生栗、長芋、串柿、鯛、はまち、鮭、えそ、鯖、海老、飛魚、蛸《たこ》、青海苔、浅草海苔、柏、勝栗、和布《わかめ》、ほんだわらなどが、あるいは櫃に納められ、紙に包まれ、板台や籠に入れられて吊るされます。鳥附木は狩で獲った野鳥を人に贈る時につける鳥柴《としば》（鳥付柴）と同じで、神社では楢の木が使われていました。かつては貢納物の種類がもっと多かったかもしれませんが、現在の姿をみても、他の祭事にはみられぬものがたくさん登場します。生物では鰤子、はまち、鮭、えそ、蛸は、おそらくこの時だけではないでしょうか。賀茂六郷は山中の所領で海に面していません。しかし若狭との交通の便のよいところですので、海の幸をいろいろそろえ、郷民が神社のために買いととのえて献進したのでしょう。それにしても何故か蛸まで献じられるのは不思議です。神職が調進する神饌と異り、郷民によるご馳走（私饌）である点で、御棚会神事は独特です。

その翌日、1月15日には御粥《みかゆ》神事があります。樒《しきみ》で作った粥杖二本の御景物と、小豆粥、酒と箸をお供えする簡素な神饌です。

3月3日には桃花《とうか》神事がおこなわれ、桃の花と辛夷《こぶし》を包んだ御景物とともに、椎葉餅と蓬餅を重ねて盛り、一番上に椎葉餅を飾った土器が供えられます。

いよいよ5月の本祭になりますが、その前に5月5日の競馬会《くらべうまえ》神事があり、葉菖蒲の元を紙で巻いた御景物からはじまり十五品目にのぼる神饌が供えられます。基本的には歳旦祭や後にとりあげる賀茂祭の神饌とかわりません。他にあまり出ないのは真菰粽《まこもちまき》で、米をついて練った団子を桜の葉で包み、真菰で結んだもので、団子を檜皮ではさんだ檜皮《ひわだ》粽と一緒に供えられます。

さて賀茂祭の神饌をみる前に、7月1日におこなわれる御戸代会《みとしろえ》神事にふれておきましょう。御戸代は神様にささげる稲を作る田のことで御戸代田（神田）とも申します。ここでの農耕が一段落し、害虫駆除の虫送りの行事にも当たる神事です。興味深いのは神事のあと能が演じられる

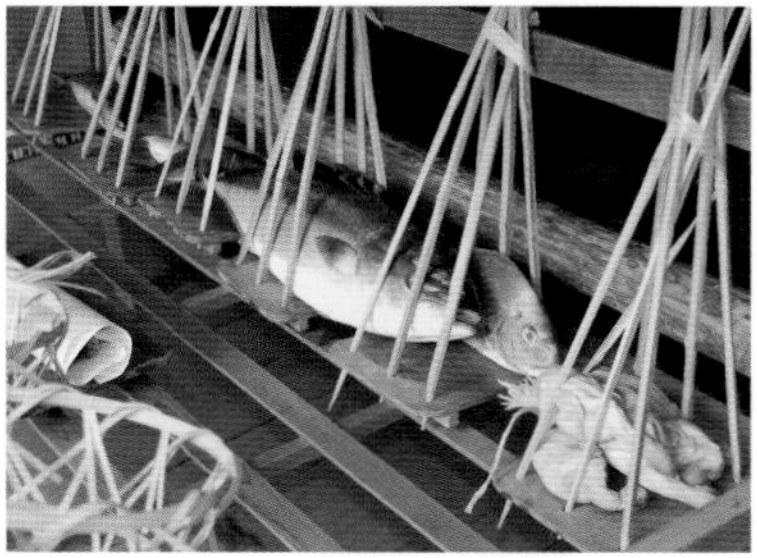
御棚会神事に供えられる神饌

ことで（御戸代能）、芸能性をもった夏のお祭の雰囲気が感じられます。御景物として檜扇《ひおうぎ》の葉の根を包んで二本供えます。檜扇は檜扇草ともいいます。オレンジ色で赤い斑点のある美しい花がつき、黒い実がなり、これはぬばたま（射干玉）とよばれます。黒いところから、これが夜の枕言葉になることはご存知の通りです。この季節の魚である鮎やごり、あわびや野菜等が供えられます。

賀茂祭に捧げられる神饌

上賀茂神社では、この他にも一年を通して多くの神事がとりおこなわれます。これら諸祭に供えられる神饌は、それぞれに意味をなしながらさまざまな食材を取り入れて供えられます。では葵祭（賀茂祭）の神饌についてみていきましょう。

5月15日の賀茂祭は早朝からはじまります。田中宣一氏は「神饌にみる主神と他の神々」という文章の中で次のように述べられています。

賀茂祭（五月十五日）の朝だけ、夜が明けるとすぐに権禰宜が檜製の四角形の掻器《かきき》というものに強飯二升を盛って奈良神社に参り、閉まっている門の外から搔器の柄をもってさし入れるようにして供え、すぐ撤下している。（中略）この神饌を散飯《さば》と呼んでいるのである。

上賀茂神社の神饌は、ほとんど神仏習合の名残りのない、純な姿を感じるのですが、この散飯という言葉だけに仏教語が残されています。仏教では生飯、三把という字も宛て、訓みも、「さば」、「さんば」、「さんはん」といろいろです。それは鬼界の衆生に飯を施すこと（大般涅槃経《だいはつねはんぎょう》）とされます。今も禅寺の斎《とき》の膳に飯粒を食前に置く作法を生飯といいます。これに似ているのは、賀茂御祖神社の葵祭の神饌で、「最花《さば》」として案の右隅に土器を置き、はじめから取分けています。同じ「さば」でも全く異なります。中国の寺院などで、本堂の前に石塔状の台があり、ここに散飯を集めて置き、鳥などにも食べさせる台を出生台《しゅっさんだい》といっています。しかし上社の散飯は字は同じですが、意味が異なります。というのは、衆生に施すならば置き放しておかなければ意味がありませんが、奈良神社の垣の外からさし入れるだけで、直に持って帰ってしまいます。田中宣一氏は「一般の神饌の供えられる主神のほかに、散飯と呼ぶ神饌を供えるべき神々が観念されていると考えることができるであろう」といわれます。また奈良神社の位置が、かつて贄殿《にえどの》、酒殿《さかどの》、北神饌所などに隣接するところに位置していますので、まず最初に神饌の調進がはじまったことを祭神の奈良刀自神《ならとじのかみ》に奉告する意味であったかもしれません。『禁秘《きんび》

寛政２年（1790）の境内図。中央を縦に流れるならの小川の右の鳥居の向こうに贄殿、酒殿がみえる。

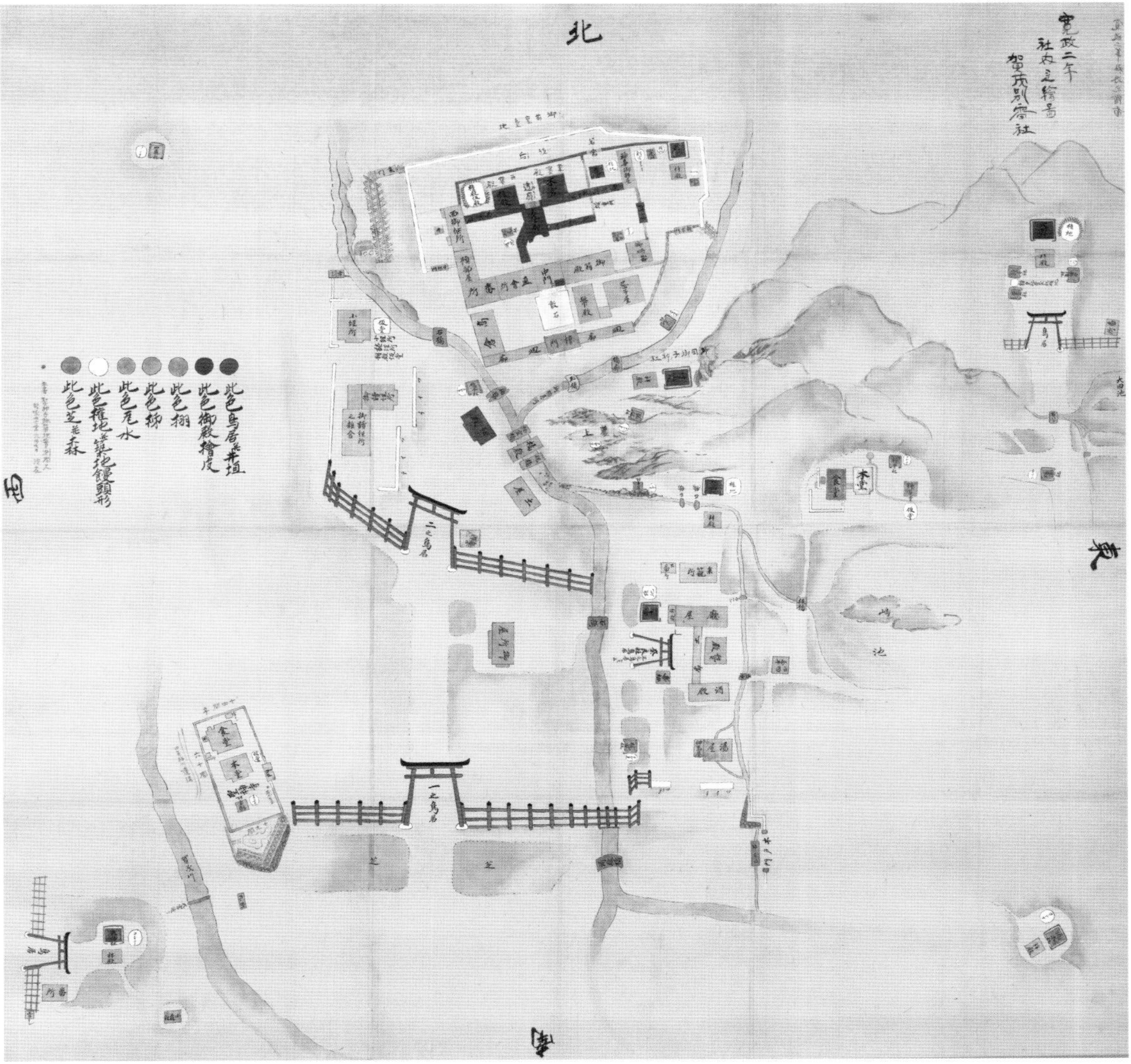

寛政二年
社内之絵図
賀茂別雷社
北
東
南
西
此色御殿檜皮
此色芝并森
二之鳥居
一之鳥居
芝
芝
池

御抄階梯《みしょうかいてい》』という書物に「考えてみるに、祭の飯や出生の飯は、皆三把《さば》である。飯の初めと終りをもって、祭とするという意味であろうか」（引用者語訳）とあり、まさに奈良神社に、祭の初めと終りに散飯が供えられる意味と一致するようです。

5月15日午後、本殿に神饌が供えられます。神饌は主に三つの部分よりなり、第一は本殿内に供えられる内陣神饌。つづいて本殿の御扉外側に供えられる外陣神饌。第三は本殿の前庭に唐櫃《からひつ》に入れて供えられる庭《にわ》積《づみ》（庭上《ていじょう》）神饌です。この外、摂社八社への、一つの御櫃《みひつ》に各種の神饌を一つ盛りにした神饌が供えられます。

内陣神饌は藤木保治氏の記すところによれば次の通りです。

一、葵桂二（二葉葵）三十二茎を井桁に組み、中に桂を一本はさみます。葵は男を、桂は女性を象徴し、子孫繁栄を願うといわれます。

二、御箸一具　金鍍金の箸台に金鍍金の箸をのせます。

三、船御飯二艘　船は檜皮をもって作り、上押えをのせて真菰で結びます。一艘に米二升。弁当箱の古いかたちでしょう。

四、船《ふね》御餅《おもち》二艘　船御飯と同様の供え方です。船一艘に葩餅十枚。餅の中央には小豆少々のせますが、明治以前は椎《しい》の実を用いていました。当時は社領に山奉行、山番がおり、椎の実を献じていたもの。

葵桂を本殿に捧げる

五、御鯉一喉

六、御鳥一羽　雄雉です。

七〜一一、御生物　鯛五尾　六寸の大ヤツカサ（中高の土器）に柏葉一枚、檜葉一枝を敷いて一尾ずつ盛ります。

一二〜一三、大根二杯

一四、百合根一杯

一五、茄子一杯　野、山の幸です。

一六、積御料《つみのごりょう》　とびうおの干物五十枚を御櫃に盛ります。

一七、包御料《つつみのごりょう》　御菓子《おんかし》といいます。奉書紙二枚にかやの実、打栗、神馬草、吹上（あられ餅）、櫨《はぜ》（玄米の煎り米）、青海苔、紫海苔（浅草海苔）、鶏冠草（とさかのり）、六十苔《むそのり》（十六島海苔《うっぷるいのり》かと思われるが今は三島海苔を用います）、和布の十種を包んだもの十包みに、檜皮の匙《さじ》一を添えます。

一八、大蒜《おおびる》

一九、檜皮粽《ひわだちまき》

二〇、鮎《あゆ》五喉　六寸片木《へぎ》に柏葉一枚檜葉一枝をのせます。昔は滋賀県の安曇川《あどがわ》流域が賀茂社の御厨《みくりや》で今もそこから鮎が送られます。

二一〜二二、狛御料《こまのごりょう》　鯛一喉ずつ柏と檜葉を敷いて大ヤツカサ土器に盛り、御櫃に入れて獅子《しし》と狛犬《こまいぬ》に供えます。

二三、御薬《おくすり》

『葵御祭供進之神饌諸品色目書』（国立国会図書館デジタルコレクション）にみられる内陣神饌の一部

御松御盤一双
祖馬船以絵作之
左右同制

御松御盤一双
祖馬船以絵作之
左右同制

飯御飯
...

御羹六十盃
左右同制

御箸一本

御箸一具
祖馬箸...
金...金

包御餚
清菓子十種
左右同制

積御料
鶉五十羽
左右同制

大蒜四本
祖絵定る...

昆布
三鰭
...

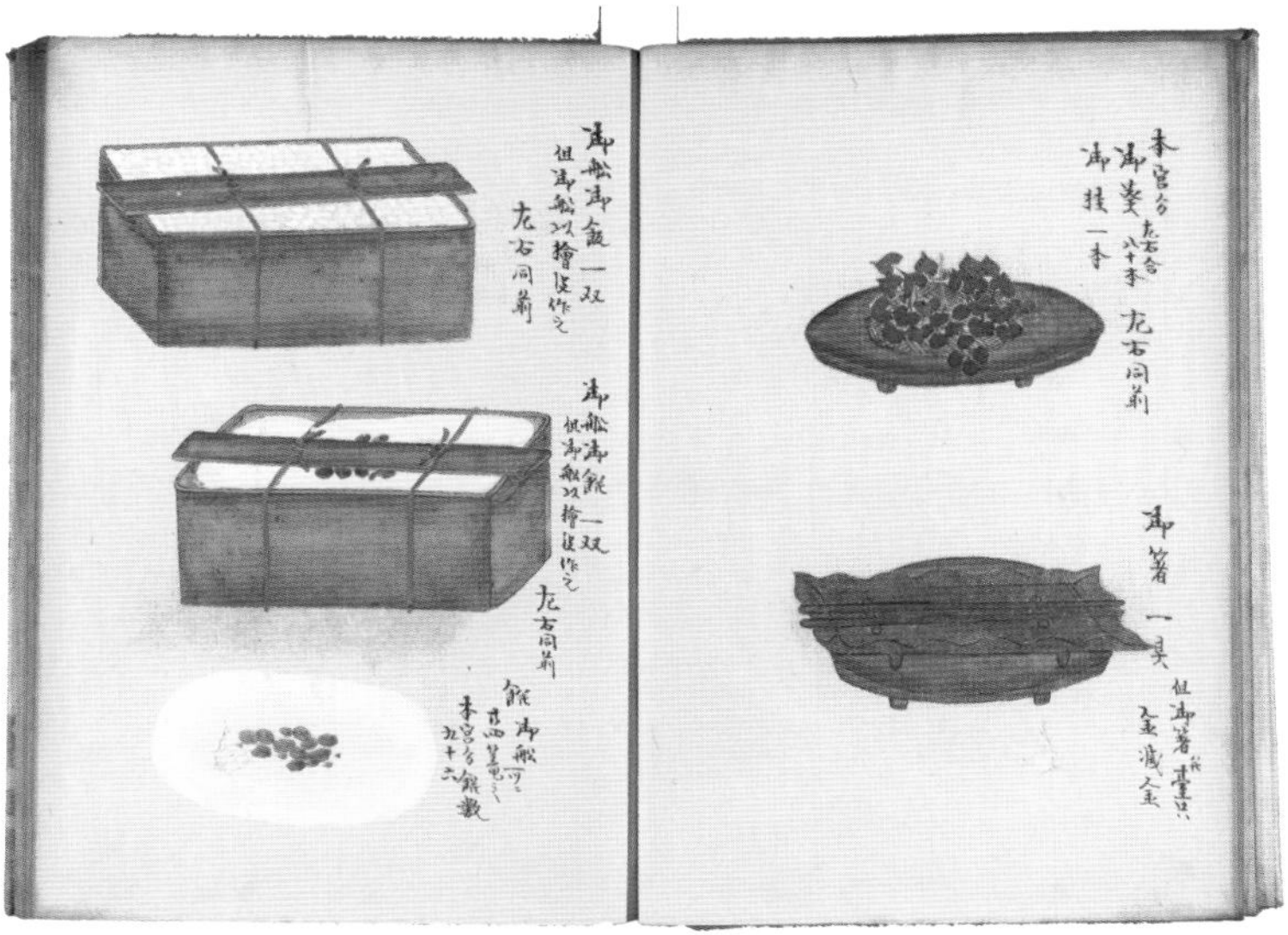

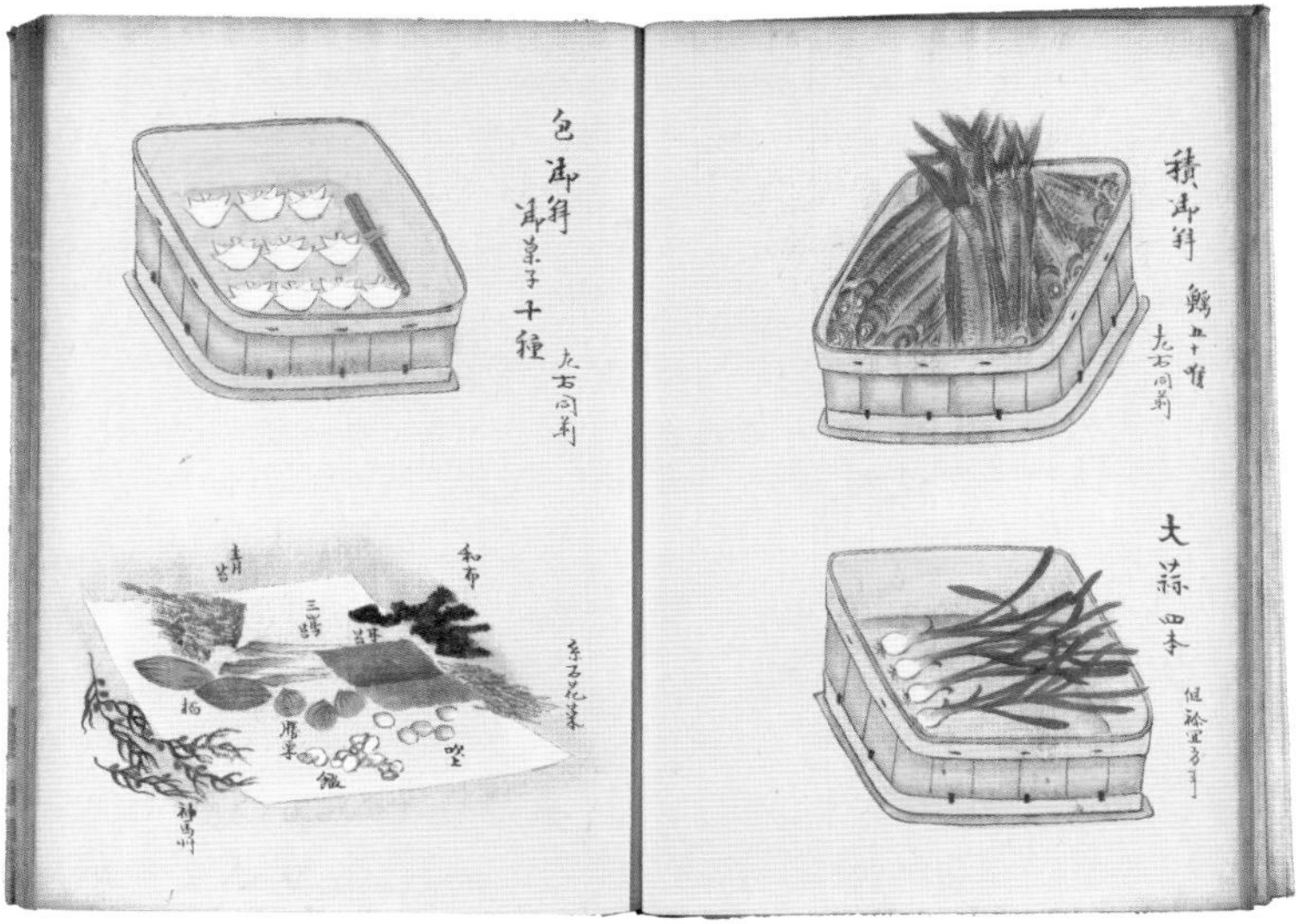

誠に詳細に説明されていて、古式豊かな神饌の姿がよくうかがわれます。

賀茂祭の神饌については『葵御祭供進之神饌諸品色目書』（国立国会図書館蔵、以下色目書と略称）という、神饌を図解した史料が残されています。奥書に、

庚午十月二日
神祇官　御役所

とあり、神祇官が置かれた時期からみて、明治3年（1870）庚午の年に成立した本であることがわかります。そこに記された約一五〇年前の内陣神饌、外陣神饌、庭積神饌と現行の形を比較してみますと、ほぼ正確に伝承されていますが、次の通り、若干の差があります。その違いに注目しながら、各神饌の特徴にふれてみます。まず大きな違いは、大根、百合根、茄子が色目書にはないことです。色目書の成立は明治初期ですが、書かれている内容がさらに江戸時代まで遡るとすると、かつて野菜は少なかったのかもしれません。外陣や庭積の神饌にもあらわれません。逆にいうと大根、百合根、茄子以外は一五〇年前と全く同じで、よく継承されていることがわかります。

内陣神饌は、一品ずつ進めて内陣の中で案に供えるのに対し、外陣神饌は八脚の案に葵小紋の布をかけてその上に神饌をすべて供えて運びます。やはり内陣に比べると簡便な方法になっています。しかし内容はさ

現行の賀茂祭と『葵御祭供進之神饌諸品色目書』にみえる品物との比較

品名	内陣		外陣		庭積	
	現行	色目書	現行	色目書	現行	色目書
鯉	○	○	○	○	×	×
鯛	○	○	○	○	×	×
鰩《とびうお》	○	○	○	○	○	○
鮎	○	×	×	×	×	×
鯖	×	×	○	○	×	×
鮑《あわび》	×	×	×	×	○	○
鯣《するめ》	×	×	×	×	○	○
鯵《あじ》	×	×	×	×	○	○
梭魚《かます》	×	×	×	×	○	○
鮭干	×	×	×	×	○	○
鰹	×	×	×	×	○	×
煎海鼠	×	×	×	×	○	○
鱓	×	×	×	×	○	○
雉子	○	○	○	○	×	×
大蒜	○	○	×	×	×	×
大根	○	×	×	×	×	×
百合根	○	×	×	×	×	×
茄子	○	×	×	×	×	×
茗荷	×	×	×	×	○	○
蕗	×	×	×	×	○	○
薊	×	×	×	×	○	○
小豆	○	○	○	○	○	○
（御包料）	○	○	×	×	×	×
打栗（搗栗）	○	○	×	×	×	×
神馬草	○	○	×	×	×	×
吹上	○	○	×	×	×	×
饊	○	○	×	×	×	×
青海苔	○	○	×	×	×	×
浅草海苔（三島海苔）	○	○	×	×	×	×
鶏冠	○	○	×	×	×	×
六十苔（耳苔）	○	○	×	×	×	×
和布	○	○	×	×	×	×
かやの実	○	○	×	×	×	×
団子	×	×	○	○	×	×
丸餅	×	×	○	○	×	×

きの表に見る通りほとんどかわることはありません。ただ目に立つ違いの一つは「大蒜」が内陣にしかないことです。だいたい神饌には大蒜のように香りが強烈な野菜を供えることが少ないと思われますが、けっしてないことではありません。蒜《ひる》の字は『古事記』にあって古代から食用、薬用とされてきました。小さい蒜はコビルとかノビルといい、大蒜がにんにくです。大蒜も古代から辞書類に登場します。江戸時代初期にできた『料理物語』には汁の吸口ににんにくがよく登場します。葷《くん》といわれるような臭いの強い野菜を忌むのは仏寺のことで、神社では問題になりません。『皇太神宮年中行事』には、5月15日の御節句に「御饌、粽、山芋、蒜、名吉、菓子等也」とあって、やはり蒜が登場します。ただ小蒜か大蒜かは断定できません。

賀茂祭の神饌で、ことに目を引くのは庭積神饌です。大きな朱塗りの唐櫃におさめられ、白丁二人がかついで本殿の前庭に供えられます。蓋をあけますと、白木の葉盤《ヒラデ》（白木の板の上に曲物をつけた台）に入れられた数々の神饌が並びます。これを上盛りといい、①干鮭、②生貝《なまがい》（鮑）、③塩、④鯣《するめ》、⑤青海苔、⑥打鮑《のし》、⑦神馬草《じんばそう》（ほんだわら）、⑧鰺《あじ》、⑨和布、⑩梭魚《かます》、⑪鰹、⑫煎海鼠《いりこ》が置かれます。さらにこの下に六段の下盛りが入ります。それは、鱓《ごまめ》（二七杯）、鰩《とびうお》（二七杯）、煮染《にぞめ》（小豆を煮たもの）（二七杯）、蕗《ふき》（七杯）、茗荷（七杯）、あざみ（一三杯）という大量の魚、煮豆、野菜で、一段ごとに松葉を敷き通気を考えて重ねられます。したがって下

外《げ》陣《じん》神饌

外陣神饌は、御扉すぐ外側（外陣）にお供えする

盛りは、上盛りを取り去らないと見えません。

庭積神饌には内陣、外陣の神饌にない材料がいくつも登場します。さきの一覧表をご覧いただくとわかりますが、鮑、鰑、鯵、梭魚、鮭、煎海鼠、鱓といった魚類、あるいは茗荷、蕗、あざみなどの野菜は庭積神饌にしか登場しません。上盛りはともかく、大量の下盛りをみますと、質より量といった印象です。逆に庭積神饌には飯、酒、餅、団子、箸が欠けています。そもそも唐櫃に入れて庭に置くということに「尋常の供し方とは言えない」と感じた田中宣一氏は次のように述べています。

> なぜ右（＝庭積神饌）のような物を、しかも神に対して一見失礼とも思えるような供え方をするのであろうか。これはどう考えても、そのような遇し方をしても許されるある種の神というものが認められていたからだ、と解せざるをえないのである。というわけで、内陣、外陣の両神饌とは異質の庭積神饌をわざわざ用意することから、祭りには、主神以外の曠野に存在する諸神・諸霊というものが強く意識されていた時があったのだと思う。

たしかに内陣、外陣、庭積と三つの神饌が供えられるのは、おまつりする神様の神格上の構造を示しているのかもしれません。芸能にも門付けの芸（中門の芸）、庭の芸、座敷の芸と、芸人がどこまで入れるかとい

上・唐櫃に収められた庭積神饌
下左・庭積神饌の唐櫃が玉橋を渡って本殿前庭に運ばれる
下右・『葵御祭供進之神饌諸品色目書』（国立国会図書館デジタルコレクション）にみられる庭積神饌

庭積（庭上）神饌

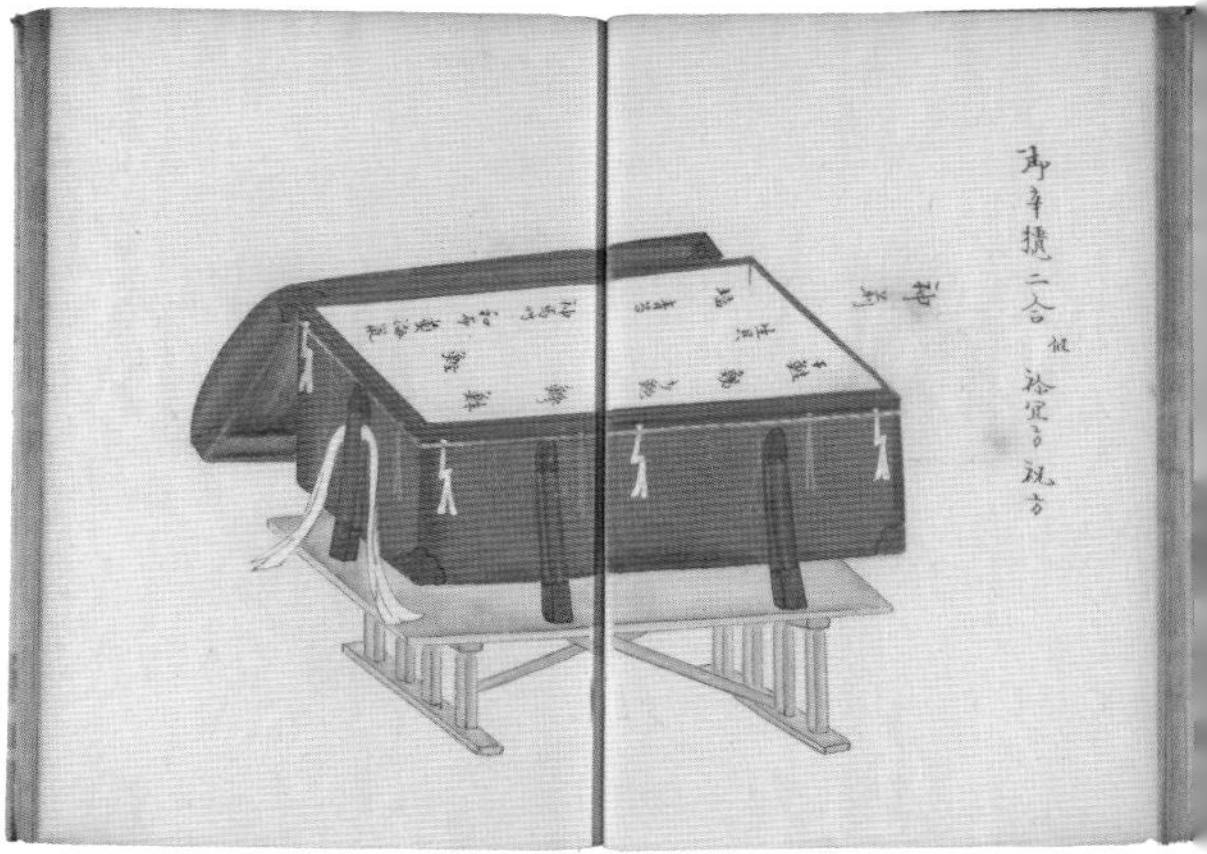

う格式の構造があることを連想させます。

庭積神饌の食材として、ことに大量に使われる鰩（飛魚）が注目されます。庭積神饌に限らず、すべてにおいて鰩は登場します。内陣の神饌では御櫃という角の曲物に、五十尾の干した鰩が「積御料」として盛られます。外陣神饌では、三切物として鰩を八分角ほどに切ったものを三切れ、土器に盛ります。また潮煮は鰩の胸ビレつきのものを一切れ入れます。また平切、木割、むしり物の三品もいずれも鰩を平切り、細切り、むしったもので五点もの神饌に鰩が使われています。庭積神饌ではさきにみました通り、下盛り一段半の量の鰩が使われます。鰩は他の神社の神饌ではほとんど登場しません。なぜ賀茂祭にだけ大量に登場するのか理由はわかりません。たしかに、鰩は若狭湾で水揚げが多かったといいます。鰩は黒潮にのって南方からくる魚で、たまたま私は台湾の南にある蘭嶼《らんしょ》を訪ねた時、島民が主食のように食べている魚が鰩であったことが、強く印象に残っています。飛魚は日本海に入って島根県から若狭まで到達します。出雲から若狭の地域に鰩を神饌とする文化が他にもありはしないかとも思います。

出雲とのつながりを感じるのはかつて包御料の中に入っていた十六島海苔です（現在は大阪で取れる三島のりを使用）。十六島は出雲市の東北、十六島湾でとれる独特の岩海苔で、厳冬の頃、海の岩場に貼りついた岩海苔を手ではぎとって乾燥させた海苔です。賀茂社の包御料に入っているのも、又不思議なことで、出雲との縁がどこかに残っているともいえないでしょうか。

饗《きょう》膳《ぜん》から見えてくる神饌がたどった歴史

神饌の姿が歴史的にどのあたりまで遡ることができるか、史料がないのでわかりません。しかし、葵の食文化という点でみた時、中世の饗膳《きょうぜん》の形式に一つのヒントがあります。それは式年遷宮の際、勅使に供す饗膳です。檜の白木の膳に次のように配置されます。

蓮　海月　汁（大根）
鮎酢　鳥　飯　箸
柿　塩引（紅鮭）　酒

蓮は精進鱠《しょうじんなます》でしょうか。海月、鮎酢、

正遷宮の際、勅使に供される饗膳（作画：中村洋子）

鳥、塩引が菜。飯と大根の汁（汁といっても大根の切ったのがあるだけで汁はありません。外陣神饌の汁と同じです）がすえられます。菜は五種。汁は本来二種で二汁五菜の本膳料理の献立です。酒がすすめられ、柿はお菓子です。

今日の神饌をほうふつとさせる食事が七百年以上前の鎌倉時代の記録に残っています。それは嘉元3年（1305）におこなわれた上賀茂神社の式年遷宮式の記録『嘉元三年御遷宮記』です。この年、四十二年ぶりに式年遷宮が斎行され、新しい社殿が造営されることになりました。三年前から準備がはじまり、美作《みまさか》国登美《とみ》荘（岡山県）から材木を切り出すことが決まり、現地に番匠（大工）が派遣されて木を検分し、切らせています。一方、屋根をふく檜皮や釘などの用意もすすめられました。

造立の前年、3月に材木が美作国から到着しました。いよいよ4月28日に御手斧《ちょうな》始《はじめ》がおこなわれ、神主の賀茂経久《かものつねひさ》はじめ二一名の社司《しゃし》が参列しました。次に番匠として正の大工末継が狩衣に襷がけで登場し、権大《ごんだい》工《く》がつづきました。賀茂社では大工は正、権、末と三階級にわかれ、末大工はさらに長が七名、槌八名を引き連れます。

さて正大工と権大工は材木に墨を打ち手斧をあてて退きます。次に檜皮師が出て材木に檜皮を結いつけました。これはあくまで儀礼としての所作です。こうして儀式が終了すると酒宴です。飯と汁が出ない酒宴で、膳が二五並びました。正権の大工二名、末の番匠一五名、檜皮師二名分、壁師、鍛冶各二名、行事、木守一名で二五名分です。酌と配膳は神社側の神人《じにん》が立烏帽子《えぼし》に水干を着て六人でおこないました。

膳のなかみは次のように記されています。

生物二種、平切二種、より切二種、串柿一盃、たんこ（団子）一盃、くほつき二盃、箸のたい置之、

食卓の机の上に土器の皿をおき、切り整えられた魚の身を高盛りにしたのでしょう。ちょうど外陣神饌の高盛りのように、紙立して、その上に魚を盛ったと思われます。「平切」は賀茂社外陣神饌の平切と考えてよいでしょう。魚を角に切って盛りあげるのが平切です。より切はわかりません。これらの材料を買物リストから推定してみましょう。リストには次のようにあります。

一、魚かう（買う）事
しほたい、代八百、魚のミより切の上魚代三百、
干名吉、さハより切、平切代一貫にてかう
くしかき二連　代五十
たんこ　米一升五合
已上二貫百五十文

どうやら生物は塩鯛であったようです。干名吉と鯖《さば》に平切とより切の二種の調理があったことがわかります。名吉は鯔《なよし》で、ボラの成長途中の名称です。当然、酒がふるまわれます。番匠全体に対して大瓶に入れて二斗の酒、行事、檜皮、壁、鍛冶それぞれに五升入りの瓶子が一本ずつ配当されました。一七人で二斗ですから、一人あたり一升二合弱。とても飲み切れませんから、一部は持ち帰ったのでしょう。

さて6月9日には最も大事な儀式である上棟式がおこなわれました。儀式には神主以下社司が全員参加したのは当然ですが、その女房たちも参列。一の間より末の間まで板の上に数十人も並んだといいます。見物も多く、神社関係の俗人、僧尼もやってきて「はざまもなく参候」「上下をしも分たず、ひしと参」といいますから立錐の余地もなく群集したようです。

正殿、仮殿におかれた、餅が一八枚。一枚が幅八寸（24センチ）、長さ二尺（60センチ）、厚さ一寸五分（4.5センチ）という大きさでありました。この餅のための米が一石一斗五合。饗膳は、二八人のお膳が出ました。飯（おこわ）は五升盛が二八膳、その他行事と正、権大工には姫粥（現在の飯の二升盛がそれぞれに配され、その他のメンバーの姫粥は一升五合盛でした。食べきれないほどの飯は持ち帰られて、その家族や周囲の人々の食事に供されたのでしょう。お菜もきわだって豪華です。

御菜十四種之内
居物六盃内二種物　しほ肴二盃
たんこ二盃　干魚二盃さは

つづいて土器に盛られた追物《おいもの》が八種です。

追物八種内、　高ハ御神事之時社司追物之定也、
鮨廿八盃、しほ引廿八盃、但上しほ引三 下さは、平切廿八盃
但上干鯛 下さは、きわり廿八盃さハ、
より切廿八盃下さは 上魚三、平やき廿八盃からさけ（干鮭）、
廿八盃あゑませ、なます廿八盃、

これら八種類の料理が土器に盛られて運ばれました。膳にのり切らない料理があとから追加して運ばれるところも贅沢です。数量だけみていると、まるで庭積神饌の拡大版です。さらに、塩鯛の汁と鮭の子のたで汁二種が机にならび、正饗としてはなかなか立派なものでした。

以上、七百年前の鎌倉時代の史料を見てまいりましたが、これらの史

料からも、現在の神饌が単なるお供えものとして飾られているのではなく、その中に悠久の歴史がとどめられていることがわかります。すなわち、平安時代後期にまとまった年中行事を鎌倉時代に記した記録と比較して、葵を供えることも含め、上賀茂神社の神饌が中世の食文化をよく伝承していることが明らかです。葵からひもとく食文化の深さがうかがえたように思います。

日本の二葉葵とアイルランドのシャムロック

鎌田東二

ユーラシアの両耳

ある日、地球儀を見ていると、ユーラシア大陸が人間の顔に見えてきました。シベリヤが頭の白髪で、ゴビ砂漠とサハラ砂漠が両目で、ヒマラヤが鼻で、インド亜大陸が顎。そして、日本とアイルランドという二つの島国がそのユーラシア顔の両耳に見えてきたのです。

このユーラシア顔の図形が浮かび上がった時、この両耳が聴いてきた極東と極西、太平洋と大西洋の波音、常世の国と常若の国（ティル・ナ・ノグ）、この世の果て、世界の涯《はて》の声を巻き戻して再生してみたいと思ったのでした。

そのかわいらしい両耳には、二葉葵と三つ葉クローバーのシャムロックが飾られていたのでした。二葉葵は、日本の京都を代表するお祭り「葵祭（賀茂祭）」で祭祀奉仕者の髪などに飾られ、三つ葉のク

ローバーのシャムロックは聖パトリック・デイで飾られます。二葉葵とシャムロック。葵祭と聖パトリック・デイ。

この両者にはどのような共通点があるのでしょうか？　そしてこのような類似点を持つユーラシアの両耳は、いったいユーラシアの地の果てで、そのかわいい両耳を澄ませて、どのような地球のサウンドを聴き取ってきたのでしょうか？　聴き取ってきたその響きを少し紐解いてみましょう。

二つの島国の成り立ち

ユーラシアのこの両耳に二葉葵と三つ葉のクローバーのシャムロックが飾られているということは、とても理にかなった類縁性だと言えます。

というのも、そもそもこの二つの島国は、もともとは、ユーラシア大陸にくっついていた陸続きの半島のようなものだったのです。今から二万年前には、今のような形の日本列島はありませんでした。そこには、ユーラシア大陸の東の端に突き出た半島があるばかりでした。

それが、氷河期が終わって気温が上昇し、氷床が溶け出し、海面水位

左・日本の二葉葵

右・アイルランドのシャムロック（三つ葉クローバー等）

が上がってくると、半島は大陸から切り離された島嶼《とうしょ》列島、今の島国日本に姿を変えていきます。もちろんそれは、今から一万五千年以上も昔のことですが、そのことによって、ユーラシア大陸とは切り離された独自の文化が形成され始め、日本列島では独自の新石器文化である縄文時代が始まることになったのです。

一方、日本列島の形成から遅れる五千年あまり、今から九千年ほど前、ユーラシア大陸の西の端も、その一部が切り離されていき、やがてブリテン島（イギリス）とアイルランド島が形成されていくことになります。そして、その地に、ドルメン（支石墓）やメンヒル（巨石記念物）やストーンサークルなどの巨石文化が拡がっていきました。日本では縄文時代が始まっていました。

たとえば、アイルランドの首都のダブリンから車で一時間ほども北上したところにある五千年ほど前に造られたニューグレンジの墳墓では、冬至の朝日が墳墓の中の羨道に差し込み、石室に太陽光が当たるように設計されています。しかも縄文時代の村や墳墓にも冬至の朝日が射し込むように設計されているところがあります。その墳墓の入り口のところには、

ニューグレンジの墳墓全景

ニューグレンジ入り口の渦巻き模様が線刻された巨石

渦巻き模様の線刻された巨石が置かれています。太陽光線のもっとも弱く衰える時期に差し昇ってくる朝日の方角に向かって建造された墳墓は、いうまでもなく、生命や魂の再生と復活を願う心の顕われでしょう。自然界の二至二分（夏至・冬至、春分・秋分）の節目が、生命や魂の蘇りと連動していることを古代人、日本列島の縄文人もアイルランドの巨石時代人も強く感じとっていたのでしょう。わたしはアイルランドに住んでいた１９９５年前後に、このニューグレンジやタラの丘が好きで何度も行きましたが、その渦巻き模様はとても強烈で、インパクトがあり、ダイナミックでした。

その縄文時代の土器の文様とアイルランドで用いられてきた渦巻き模様がとても似ているということは岡本太郎著『美の世界旅行』（新潮社、１９８２年）以来、しばしば指摘されてきました。二葉葵ははっきりとは渦巻き型と言えませんが、そのハートマークのような優美な曲線は、どこか渦巻き模様にも共通するところがあります。

渦巻き、あるいはスパイラル・パターンは、世界中で生命信仰のシンボルともなる図形です。葵祭も聖パトリック・デイもともに生命の再生・復活を祝い寿ぐいのちの祭典ですから、ハート型や渦巻き型の生命曲線を象徴図形として、「たまきはるいのち」の息吹きを讃美することは理にかなった伝統文化であるといえるでしょう。

日本列島とアイルランド島という二つの島国は、すでに述べてきたよ

タラの丘の立石

うに、いくつかの共通点がありますが、それを整理しておきます。

第一に、最終氷河期が終わった約一万年前の前後に、ユーラシア大陸の東の端と西の端の一部が切り離されて独立し、それぞれに独自の島の文化を形成していったこと。

第二に、そこに冬至の朝日が差し昇る墳墓や村が建造されたり、そこに渦巻き模様の象徴図形が巨石や土器に刻まれていったこと。

第三に、その建築デザインや紋様デザインには、死と再生についての観念と再生信仰が読みとれること。

第四に、このユーラシア大陸東西の島国の文化は、共にアニミズム的ともいえるような自然信仰や生命や魂の再生信仰を基層信仰として持っていて、その名残りが今なお保持されていること。

第五に、このような自然信仰や再生信仰に基づいて、日本列島においては東の海上に「常世の国」や「根の国」や「妣《はは》の国」や「ニライカナイ(根来儀来)」などの他界があるという信仰が生まれ、アイルランド島においては西の海上に「常若の国(ティル・ナ・ノグ)」という他界があるという信仰が生まれてきたこと。そしてそれは、前者では、海幸彦や山幸彦、また浦島太郎の神話や伝承に現れ、後者ではオシーン(オシアン)神話や伝承に現れていること。

このような共通点を見ることができます。

日本神話とアイルランド神話
～浦島伝説とオシーン伝説

かつて拙著『霊的人間』（作品社、２００６年）の中で、日本の浦島伝説とオシーン（オシアンとも呼ばれる）伝説とを比較したことがあります。記録としてもっとも古い浦島伝説は『日本書紀』巻十四に記載された「浦嶋子」伝承です。それは次のような伝承です。

（雄略天皇）二十二年、秋七月、丹波国餘社郡の管川《つつかは》の人、水江浦嶋子、船に乗りて釣す。遂に大亀を得たり。便《すなは》ち女に化為る。是に浦嶋子感《たけ》りて、婦と為し、相遂《あひしたが》ひて海に入りぬ。蓬莱山《とこよのくに》に到りて、仙衆《ひじり》を歴観《めぐりみ》る。語は別巻に在り。

ここには、「水江浦嶋子」と呼ばれる丹波の国の人が釣りをしていた時に、大亀を釣ったところ、たちまちに女となって結ばれ、一緒に海中に入っていって、「蓬莱山」に至ったという話が記されています。そして彼の地で「仙衆」を見たとも記されています。その「蓬莱山」を「常世の国」と訓ませ、「仙衆」を「ひじり」と訓ませていることに注意しておきたいと思います。古代中国的なユートピア世界である「蓬莱山」は日本列島の文脈では「常世の国」ということになるということです。その「常世の国」が海の中にあるという観念や信仰が見られるということに注意したいわけです。

これが、鎌倉時代末に卜部兼方《うらべのかねかた》によって記された『釈日本紀』巻十二に引用された「丹後国風土記」逸文には、さらに詳しく次のように記されています。

雄略天皇の時代、美男子の水江浦島子は小舟に乗って釣りに出かけましたが、三日三晩一匹の魚も釣れなかった代わりに、五色の亀を得ました。その亀がいつしか美しい女性となり、自分は「天上仙家之人也」と名乗ったのです。浦島子は、その女性に眠らされ、気づくと海中の島にいました。館の中で、七人の童子（すばる星）と八人の童子（あめふり星）や女性の父母らが迎えてくれて歓待されました。そして、三年間、この「仙都」に留まったのです。

しかし、浦島子は、郷里を思い出し、「神仙之堺」から「俗世」に還ることとなりました。この間、妻となっていた女は浦島子に「玉匣」を渡して、開けないようにと忠告しました。帰還すると、三百年の時が経っていて、誰も知る者がなく、絶望し心乱れて、浦島子は禁止されていた「玉匣」を開けてしまったのです。

すると、

乃ち、玉匣を開きければ、即ち瞻《めにみ》ざる間に、芳蘭《かぐは》しき体《すがた》、風雲に率《したが》ひて蒼天《あめ》に翩飛《とびか》けりき。嶼子、即ち期要《ちぎり》に乖違《たが》ひて、還《また》、復《ふたた》び會ひ難きことを知り、首《かしら》を廻《めぐ》らして踟蹰《たたず》み、涙に咽《むせ》びて徘徊《たちもとほ》りき。

という状況になってしまいました。

つまり、玉手箱を開いてしまったら、またたくまに姿かたちが年老いて変貌してしまい、約束をたがえたのでもうふたたび会うことができなくなったことに気づいて地団駄踏んで涙にむせんだのですが、それも詮無いことでした。そこで、気を取り直し浦島子は、別れ別れになってしまった妻と「ここに、涙を拭ひて哥ひしく」、歌を交わし合ったのです。

こうして、浦島子と海の中の妻の「神女」との間で、次のような哀切極まる歌が交わされることになりました。

常世《とこよ》べに雲立ちわたる水の江の　浦島の子が言持ちわたる

（浦島子の歌）

大和べに風吹きあげて雲放れ　退《そ》き居りともよ吾《わ》を忘らすな

（神女の歌）

子らに恋ひ朝戸を開き吾が居れば　常世の浜の浪の音聞こゆ

（浦島子の歌）

水の江の浦島の子が玉匣　開けずありせばまたも逢はましを

（時の人の歌）

常世べに雲立ちわたるたゆまくも　はつかまどひし我ぞ悲しき

これに対して、アイルランドの「オシーン」伝説とはどのようなものでしょうか。それは、次のような話です。

オシーンは、「常若の国（ティル・ナ・ノグ）」の王の娘ニアムに誘われ、白馬にまたがって海を渡り、不老不死の国に到ります。そこでまたたくうちに楽しく三年の時を過ごすのですが、ある日、故郷のアイルランドを思い出して望郷の念おさえがたく、一度郷里に帰る決心をします。その時、妻となっていたニアムは、アイルランドに戻ってもその土地の土にけっして接してはならないと戒めるのですが、しかし、オシーンは人を助けようとして誤って白馬からころげ落ち、アイルランドの土に触れてしまいます。すると、たちまちのうちに三百年の時が過ぎてしまい、これまで不老の国にいたオシーンはただの年老いた老人となってしまって、二度と「常若の国」には戻ることができなかったという話です。

これはまさにアイルランド版浦島太郎伝説ではないでしょうか。いや、日本の浦島伝説の方を日本版オシーン伝説というべきでしょうか。いずれにせよ、両者は、永遠の生命を司る海の女神（龍宮の乙姫様やニアム）が妻となって不思議な異界に誘導し、時を越える不思議な力を与えていたことに驚くべき共通点があります。なぜ、極西と極東の国にこれほどよく似た伝承が伝わっているのでしょうか？　じつにふしぎなことだと思います。

二葉葵とシャムロック

それではいよいよ本題に入っていくことにしましょう。賀茂別雷《わけいかづち》神社の二葉葵の話の前に、アイルランドのシャムロックについて説明することにします。シャムロック（shamrock）は葉っぱが三枚のクローバーのことを指しますが、一般には、マメ科のクローバーやカタバミ科のミヤマカタバミのことを言います。シロツメクサやコメツブツメクサやウマゴヤシなども含まれます。

ヴォルフ＝ディーター・シュトルル（Wolf-Dieter Storl）の『ケルトの植物』（手塚千史・高橋紀子訳、ヴィーゼ、2012年）には、シャムロックが薬草として重宝されていたことが詳しく記されています。それによると、民間療法においては、アカツメクサとシロツメクサを煎じ薬として内服し、また湿布薬としても用い、ガンの薬として用いられたとされています。特に、湿った湿布薬が腺硬化症や皮膚腫瘍に対して「組織を柔らかくする」として重宝されていたのです。さらには、眼病薬や便秘薬や浄血剤や強壮剤や美容薬としても用いられ、まるで越中富山の萬金丹のような万能薬として活用されていたのです。

たとえば、カタバミについては次のように説明されています。

カタバミはケルトの治療学において、薬として非常に好まれていた。この草は利尿剤とされ抗壊血病作用と冷却作用があるとされた。「激しい疾患」、熱、胆嚢疝痛のときにこの草の汁をスプーンで飲んだ。アイルランド人はこれで腺病を治療した。外用としては、膿傷と疥癬のときにこの薬をつぶして湿布にした。イギリスの医師ニコラス・カルペッパーは流行性の熱、ペストの熱にすばらしくよく効き、また血を冷やし、浄化し、胃によいといっている。また植物占星学者でもあるカルペッパーは「悪臭を放つ潰瘍または腫瘍」にこれを用いた。(中略)

マリア・トレーベンは皮膚湿疹、肝臓トラブルと消化トラブル、黄《おう》疸《だん》、腎炎と寄生虫をこの草で治療した。さらに患者は生の葉(500

㎖の水に葉を大さじ1杯）からつくったお茶を一日2カップ飲む。搾りたてのジュースはガン性の潰瘍に、またパーキンソン病のときにも用いる。

ドイツ北部からポーランド北部にまたがるバルト海沿岸の地方ポンメルンでカタバミは、病人が7晩続けてその煎じ汁のなかで入浴しなければならない9種類の薬草のひとつである。そのほかの8種類の薬草とは、イラクサ、カキドオシ、ニワトコの花、カモミール、タンポポ、セージ、スイバ、ゴボウである。これらの薬草のうちのひとつがないときには、ヨモギで代用してもよい。

光とビタミンに乏しい長い冬の後で、カタバミは体から老廃物を追いだし、壊血病にかかりやすい状態を改善する助けをする。とくにこの葉の酸っぱい味を子どもが好きなので、カタバミを春のサラダとスープに入れると、よい風味がつく。

このような記述を読むと、いかに三つ葉のシャムロックが万能薬として大切にされていたかがよくわかります。それは、アイルランド人の生活文化と生命維持に欠かせない万能薬だったのですから。

民俗医療の世界で薬効があると伝承されていたシャムロックを、アイルランドにキリスト教を布教したとされる聖パトリック（389頃～461）が「三位一体」の教義を説くために用いて非常に効果があったと言われています。「アイルランドの使徒」とも「守護聖人」ともされる聖パトリックは、日本における聖徳太子（５７４～６２２）ととてもよく似ています。前者はキリスト教とケルトの宗教を、後者は仏教と神道や儒教を結んだ宗教的・思想的先達とされているからです。両者には不思議な霊験譚がつきまとっています。

　パトリックはブリテン島（イギリス）のケルト文化圏であったウェールズ地方に生まれましたが、16歳の時に海賊にさらわれて奴隷としてアイルランドで六年間も使役されたと伝えられています。しかし、それによって、パトリック少年は深くアイルランドの土地の生活文化と信仰世界を知ることになったと思われます。こうして、後年、キリスト教の伝道師となってアイルランドに戻ってきたのが４３２年とされ、その年がアイルランドにおけるキリスト教公伝の年となります。日本では、５３８年とされますが、『日本書紀』では聖徳太子の祖父の欽明《きんめい》天皇13年（５５２）に仏教が百済《くだら》から公伝したと記載されています。

　興味深いのは、欽明天皇の御代に賀茂祭（葵祭）が始まったとされている点で、それは仏教の伝来と関係があったのかもしれません。つまり、他国の神とされた仏に対して、自国の神がその存在の「みあれ（御在れ）」をあらわにしたとも考えることができるからです。

　ともあれ、パトリックはその後アイルランドにキリスト教を広め、父なる神ヤハウェと子なるイエス・キリストと聖霊とが三つのペルソナを持つが実体としては一つであるとする「三位一体」のキリスト教の秘儀を「三つ葉のクローバー」のシャムロックを喩えにして説いたと言われています。そして、やがて、アイルランドの最初の守護聖人として崇められていきます。その聖パトリックの命日とされる3月17日が「聖パトリックの日（St.Patrick's Day）」として、アイルランドの他、アメリカやオーストラリアなど、アイルランドからの移民の多く住む地域でも祝われているのです。その日、人々はシャムロックの葉を胸に飾ったり、あるいは緑の衣装を身にまといます。アイルランドやイギリスなど、ヨーロッパ各地に「グリーンマン（Green man）」や「リーフマン（Leaf man）」の伝承がありますが、ケルトの森の信仰ともかかわるこれらのアニミズム的な信仰と聖パトリック伝説とは密接につながっているように思われます。

聖パトリックが436年にケルトの聖地でもあったタラの丘で古代アイルランド王のリーレと対話した伝承も、日本の神仏習合にも似て、ケルト信仰圏と対立するのではなく、むしろそれをうまくキリスト教の教義と結びつける工夫をしながらの教化活動であった点も、わが国の聖徳太子の事績と比較して興味深いものがあります。

日本で聖徳太子が活躍していた頃にアイルランドでもっとも目立った活動をしていた聖人が聖コロンバヌス（543〜615）です。聖コロンバヌスは、「わがドルイド

聖パトリックの日、人々はシャムロックをイメージさせる緑色を身につけてパレードする

はキリストなり、神の子なり、キリスト、マリアが子なり、大法王なり、父なり、子なり、聖霊なり」と説いたとも言われています。もちろん、これが歴史的事実かどうかは不明ですが、しかし、古代ケルト信仰圏において、「樫《オーク》の木の賢者」の意味を持ち、神官や予言者や詩人でもあった「ドルイド」をキリストと重ね合わせ、「三位一体」を古来の三神信仰や渦巻きの三つ組崇拝と結びつけることによって、アニミズムや輪廻転生思想をもつドルイド教とキリスト教を習合したとも言える点がわが国の神仏習合文化と比較して大変興味深い点です。

ところで、アイルランドからの移民がアメリカ大陸に渡って、北米圏で聖パトリック・デイが大切な祭りとして祝われるようになり、春分の日に近い3月17日にシャムロックを身に飾って人々がその日に集うようになり、やがて故郷を偲ぶ望郷歌が生まれてきます。その中に、ジョー・マッカーシー（Joe McCarthy）による上のような歌があります（左頁、夏目、2000・179）。

ここではアイルランドは「天国」であるとされています。アメリカに移民した人々にとって原郷の地アイルランドは「天国」でなければならないのです。彼らの「母」はそこから来たのです。そして、父の語りにおいては、そこには美しいバラとシャムロックが咲き誇り、きれいなさざめく水が流れています。そこは「緑の島（Isle of Green）」なのですが、作者は

"Ireland Must Be Heaven, For My Mother Came from There" (1916)

I've often heard my daddy speak of Ireland's lake sand dells,
The place must be like Heaven, if it's half like what he tells;
There's roses fair and shamrocks there, and laughing waters flow,
I have never seen that Isle of Green.
But there's one thing sure, I know.
Ireland must be Heaven, for an angel came from there,
In ever knew aliving soul one half as sweet or fair,
For her eyes are like the star-light,
And the white clouds match her hair,
Sure Ireland must be Heaven, for my mother came from there.

もちろんそこを見たことも行ったこともありません。ただ、父や母から聞いた「天国」なのです。

アイルランド移民の子孫の望郷歌を読んで、私は『古事記』中巻に記載された倭建命《やまとたけるのみこと》の「国偲びの歌」を思い出しました。

倭《やまと》は　国のまほろば　たたなづく　青垣　山籠もれる　倭し
うるはし

倭建命は移民ではありませんが、父・景行天皇の命により東国の蝦夷を征討に赴き、傷つき倒れ、無念のうちにみまかりますが、その今わの際に、この「国偲びの歌」を詠ったと記されています。せつないほどに望郷と愛着の溢れ出た歌で、心に染み入ります。

アイルランド系移民の人々にとっても、おそらくシャムロックはそのような「国偲び」の象徴となるふるさとの草花であり、後にアイルランドの国花にも選ばれることになったのでしょう。

それに対して、葵は日本の祭りの代表である「葵祭（賀茂祭）」の象徴となる草花です。シャムロックが薬草として用いられたのに対して、葵には薬草として使われた形跡はありません。しかし、その青々として美しく均整の取れた姿形は生命の繁栄の象徴とされました。葵と桂は「葵桂」として葵祭で神職や祭祀奉仕者の髪や祭具類に飾られています。

『賀茂注進雑記』には、「葵桂を冠にかけ給ふ。往昔神託の霊現なる御告ありしゆゑ也云々。殿下もこれをかざし給うて乗車にて御参詣なり。葵桂を冠にかけ給ふ。」とか、「葵桂を宜持参りて捧れば拝しかざし給ふ。」とか、「御車にも葵をかけつらね、使の雲客社司までも然る也云々。」とあるように、「葵桂」を冠に掛けることは「神託の霊現なる御告」に由来するものだという神聖伝承が記されています。そのような由緒があるので、「殿下」もまた「葵桂を冠」に掛けて参列し、祭礼に用いられる「御車」を含め、「使いの雲客社司まで」関係者すべてがそれを翳《かざ》すことになります。このように「葵桂」で関わりのあるもの全部を聖別するのです。

同書冒頭には、この祭りの起源が次のように記されています。

> 志貴島《欽明天皇》ノ宮の御宇天皇の御世、天下國攀りて風吹雨雫《フル》。その時卜部ノ伊吉若日子に勅してうらなはしめ給うふに、すなはち卜して奏す、賀茂の御神の祟なりと云々。仍て四月吉日を撰て馬に鈴をかけ人猪影を蒙りて騒馳して以て祭祀をなしてよく禱祈せしめ給ふ。これによりて五穀成熟し天下豊年也。乗馬こゝにはじまれりと云々。又月令云、祭ノ日楓《カツラ》山の葵を挿頭《カザ》す。当日早朝に松尾社司等をして挿頭の料にたてまるらしむ。内蔵寮に参候す。祭使すでに来り、楓葵を庭中に置詔戸《オキノリト》申ス。祭使等各かざして出たつ。禰宜・祝等禄物を賜

ふ。又馬を走す。

ここで、まず注目すべきは、先に述べたように、葵祭（賀茂祭）の始まりが欽明天皇の御代であることが冒頭に示されていることです。それは、この時代に風雨などによる自然災害が起こったことが記されていますが、その原因が「賀茂の御神の祟り」であるとはっきりと記されていることは特に重要です。

なぜ賀茂の神はこの時、「祟り」によってどのような警告やメッセージを発したのでしょうか？　それは、わが国の古き神が丁重に祭られていないことに対する怒りと不服と改善の警告であり、メッセージであったと思われます。

その頃、まだ神祇官制度は明白に整っていたかどうか定かではありませんが、賀茂大神の祟りであることを、宮中の卜占《ぼくせん》を司る卜部《うらべ》氏の伊吉若《いきわか》日子《ひこ》が占いによって明らかにしたというのです。この伊吉若日子は、壱《い》岐《き》卜部氏の出身なのでしょうか？

そもそも、卜部はもともと亀の甲羅を焼いて吉凶を占う亀卜に従事する品部で、伊豆と壱岐・対馬《つしま》の卜部は特別に取り立てられて宮中神祇官の官人となりました。延喜式によると、平安時代には、神祇官の大副・少副に伊豆の卜部が、下級神職に伊豆の卜部が五人、壱岐の卜部が五人、対馬の卜部が十人取り立てられています。祇園祭の始まりも卜部平麻呂が神泉苑で行った御霊会が最初とされているので、卜部氏の役割は古代祭祀において大きなものがあったといえます。

ともあれ、これにより「四月吉日」に、馬に鈴をかけ、人の頭に猪の頭をかぶらせて騒ぎ走らせたようなのです。これが賀茂の祭礼の始まりだということです。馬と猪とは何を意味するのでしょうか？　それは総体として、神の顕現《けんげん》を誘発し、象徴する儀礼だと考えられますが、神霊が馬に乗り、猪に導かれて示現するということを示しているように思われます。賀茂祭における乗馬の風習はここに始まったとされますが、この時に「楓山の葵」を「挿頭」したというのです。その葵が「四月」のいのちのいぶきのいわいを示す象徴的な草花だったからでありましょう。当時の山城国に葵はたくさん自生していたことでしょう。そのような葵を挿《そう》頭《とう》していのちの甦りと神の威力の再現を祈り、寿いだのだと考えられます。

葵は、それにより、賀茂祭の象徴となり、江戸時代から賀茂祭を葵祭とも称するようになっていったとされます。これは徳川氏の家紋である「三つ葉葵」と賀茂別雷神社（上賀茂神社）の「二葉葵」との形態的類似性が関わっていたと考えられます。

動植物と神と神霊

アイルランドには鹿の王の図形と伝承が色濃く残されています。

ケルト美術研究者の鶴岡真弓氏は、アイルランド神話において、優れたフィアナ騎士団の騎士でもあり詩人でもある英雄フィンと鹿との間に生まれた子がオシーン（オシアン）で、その子がオスカー（オスカル）であるという伝承を持っていること、そして「森の中で出会う鹿」が「新天地を開く」という新しい世界の夜明けの表象であることを明確に解き明かしています。つまり、そこには「鹿王」によってもたらされる新世界の神話と象徴構造があるのです。

先にも浦島太郎の伝承との比較をしましたが、ケルトのある伝説によると、オシーンの母サイヴは、ドルイド僧の魔法により「小鹿」に姿を変えられた妖精でした。サイヴはフィンの宮殿に入ると元の姿に戻れるという魔法をかけられたので、宮殿に入っていきます。フィンが飼っている二匹の猟犬は、もともとフィンの母マーナの妹チレンの子で、チレンは魔法により妖精に姿を犬に変えられて、二人の子、つまり、二匹の犬を生んだのでした。こうして、サイヴは猟に出たフィンと出会い、二匹の犬に誘われてフィンの宮殿へ入り、人間の姿に戻ることができてフィンと結ばれました。

しかし、ある日、北方から敵が攻めて来た時、サイヴは行方不明となります。この時、サイヴは妖精が化けた偽物のフィンに騙されて、再び子鹿に変えられてしまうのです。フィンは七年もの間、二匹の犬とサイヴを探し、ある日、スライゴーのベン・バルベンの森で、7歳ほどの一人の美しい少年と出会います。フィンは少年を家に連れて帰り、生い立ちを聞くと、森の谷間の洞窟で一人の女性と暮らしていたが、いなくなった女性を探している内に森の中でフィンと出会ったと不思議なことを告げます。フィンは少年をサイヴの子と確信し、「オシーン（小鹿）」と名づけ、自分の子として育てました。そのオシーンは「常若の国（ティル・ナ・ノグ）」に渡っていきました。

「鹿」に関連して、わが国最古の古典である『古事記』や『日本書紀』を紐解くと、そこに「鹿」の肩を打ち抜いて占いをしたことが記されています。当時、亀卜と鹿卜の二種がありましたが、先に触れた卜部の占いが亀卜であるのに対して、『古事記』上巻に出てくる「太占《ふとまに》」は鹿卜でした。「内抜天香山之眞男鹿之肩抜而」とあるように、天《あめ》の岩戸神話では、「天の香具山」の「真男鹿」の「肩の骨」を取って焼いて占わせたと出てきます。つまり、鹿の肩の骨は世界の未来を占い、予兆を読みとる重要な祭具として用いられたのです。

日本の祭礼についての最古の記述であるその箇所を古事記学者であった武田祐吉氏は次のように口語訳しています。

そこで天照らす大神もこれを嫌つて、天の岩屋戸をあけて中にお隠れになりました。それですから天がまつくらになり、下の世界もことごとく闇《くら》くなりました。永久に夜が續いて行つたのです。そこで多くの神々の騒ぐ声は夏の蝿のようにいつぱいになり、あらゆる妖《わざわい》すべて起りました。こういう次第で多くの神様たちが天の世界の天のヤスの河の河原にお集まりになつてタカミムスビの神の子のオモヒガネの神という神に考えさせてまず海外の国から渡つて來た長鳴鳥《ながなきどり》を集めて鳴かせました。次に天のヤスの河の河上にある堅い巌《いわお》を取つて來、また天の金山の鉄を取つて鍛冶屋《かじや》のアマツマラという人を尋ね求め、イシコリドメの命に命じて鏡を作らしめ、タマノオヤの命に命じて大きな勾玉《まがたま》が沢山ついている玉の緒の珠を作らしめ、アメノコヤネの命とフトダマの命とを呼んで天のカグ山の男鹿の肩骨をそつくり抜いて来て、天のカグ山のハハカの木を取つてその鹿の肩骨を焼いて占わしめました。次に天のカグ山の茂つた賢木《さかき》根《ね》掘《こ》ぎにこいで、上の枝に大きな勾玉の沢山の玉の緒を懸け、中の枝には大きな鏡を懸け、下の枝には麻だの楮《こうぞ》の皮の晒《さら》したのなどをさげて、フトダマの命がこれをささげ持ち、アメノコヤネの命が荘重な祝詞を唱え、アメノタヂカラヲの神が岩戸の陰《かげ》に隠れて立つており、アメノウズメの命が天のカグ山の日影蔓《ひかげかずら》を手強《たすき》に懸け、真拆《まさき》の蔓を鬘《かずら》として、天のカグ山の小竹《ささ》の葉を束ねて手に持ち、天照らす大神のお隠れになつた岩戸の前に桶《おけ》を覆《ふ》せて踏み鳴らし神懸《かみがか》りして裳の紐を陰《ほと》に垂らしましたので、天の世界が鳴りひびいて、たくさんの神が、いつしよに笑いました。

（武田祐吉訳　角川文庫）

大変興味深い記録ですが、ここに日本の祭りの原型が示されているといっても過言ではありません。そしてそれは、古代の賀茂祭がどのように執り行われたかを考えていく時の重要な手掛かりとなります。つまり、ほとんどすべての祭礼は何らかの危機において執り行われます。その危機は、神々の「祟り」という警告として示されます。そこで、最大の生存危機が訪れた時に、それを打開するための方策として祭りが執り行われました。祭りとは、いのちのよみがえり、再生を希求する祈りです。

今、二十一世紀を生きるわたしたちの時代においても、コロナ禍を始め、気候変動など、さまざまな災厄が次から次へと押し寄せています。そのような時こそ、いにしえからの古人の知恵と儀式を学び直して、『古事記』に言う「修理固成（つくり、かため、おさめ、なせ）」という世直しの道を実践したいものだと思います。

その世直しの古式として、葵桂を用いた世直し儀礼としての賀茂祭、すなわち葵祭が連綿と執り行われてきたことの意味と意義をもう一度かみしめたいと思います。

二葉葵（フタバアオイ）から見る
地球環境と雨庭《あめにわ》

森本幸裕

春の妖精

日毎に日差しが暖かくなる春。冬場は葉を落として寒々としていた落葉樹の森が活動を始めます。落ち葉に隠れるくらいの浅い地中に眠っていたフタバアオイ（二葉葵）の地下茎も、春の雨の水分を吸って伸び始め、新緑の葉が展開を始めます。二枚セットに見えることも多いのが和名の由来でしょう。京都では3月下旬から4月はじめ。二十四節気の清《せい》明《めい》、4月5日の頃でしょうか。清明とは「清浄明潔」の略で、万物がけがれなく清らかで生き生きしているという意味です。鮮やかな、輝く緑のフタバアオイの葉は春の息吹を象徴するようです。

花枝は対となる葉柄の付け根から出ますが、葉っぱを掻《か》き分けないと、控えめに下を向いて咲く可憐な花を見落としてしまうこともあるでしょう。条件が良ければ、這うようにどんどん地下茎を伸ばし、分枝して、ときに大きな群落を作っていきます。開花後に受粉して6月には結実して成熟します。南方から渡ってきた小型のフクロウ、アオバズクがムクノキの大木の洞《うろ》で営巣を始めるころには、木々も葉っぱの展開を終えて、森の中は暗くなってしまいます。ですから林床《りんしょう》のフタバアオイは、まだ

下を向いて咲くフタバアオイの花

葉の下に隠れるように咲く花

明るいうちに急いで光合成して、成長、開花、結実していたのです。

この春の命が目覚める季節。落葉樹林の林床は、週替わりで可憐な花々を楽しむことができる実に感動的な季節です。これらの春植物、時にはこの草花を友とするギフチョウのような昆虫も含めて「春の妖精」、スプリング・エフェメラルといいます。翅《はね》全体が黄と黒の縞のだんだら模様で、後翅《こうし》に赤・橙・青の斑紋が美しいギフチョウは里山の女神とも呼ばれます。この幼虫はフタバアオイの仲間、カンアオイ属の植物を食べて育つのです。

ヨーロッパでは冷温帯の落葉樹林であるブナ林の林床のスプリング・エフェメラルが著名です。日本では本州中部以北や西日本では標高の高い山地帯がブナ林の本拠地です。では本来なら常緑のシイやカシを主とする照葉樹林の暖温帯でも、なぜギフチョウが春のシンボルとなったのでしょう。

その背景には日本列島に住み着いた人々の働きがあると考えられています。氷河時代に卓越した冷涼な地域の落葉樹林から、温暖化に伴って冬も緑の葉をつけたシイやカシという照葉樹林へと変化するのが自然の成り行きなのですが、単純にそうはならなかったのです。森林を水田の後背地として利用する文化が、再生能力の高いコナラやアベマキなどの暖帯の落葉樹が繁栄する里山の成立の背景にあるのです。その結果、ブナではなくコナラやアベマキ、クリなどを主とする暖温帯の落葉樹林が日本的な里山スプリング・エフェメラルの本拠地となっていったわけです。

つまり、水田耕作の出現が里山の起源でもあるのです。定期的に森を伐採して薪炭にするところを薪炭林《しんたんりん》。茅《かや》の類などの草本を水田に元肥として施用する刈敷を採集するところを秣場《まぐさば》といいます。頻繁に伐採しすぎて土壌が痩せた土地ではアカマツや明るい土地が好きなツツジ類なども里山の主要構成種となっていきました。でも地形が複雑な日本列島です。侵食で岩石が露出しやすい尾根地形もあれば、たまりやすい沢地形、中間的な斜面もあります。しかも雨の多いモンスーン気候は、木や草の収穫後の次世代植生の高い再生能力を支えたので、はげ山ばかりにはならなかったのです。また、収穫サイクルや、地形や地質、主要な樹木の繁茂状況などのさまざまな条件に対応して、地表にはカタクリやフクジュソウ、セツブンソウといった、少しずつ性質の異なる、多様な春植物がみられるのです。フタバアオイはこれら春植物のなかでは耐陰性がある方ですが、乾燥は苦手です。そのためやや湿った立派な森、渓流沿いなどで大きな群落をつくることが多いのです。

撹乱が再生する豊かな大地

このように、フタバアオイの群落には里山の樹木や植物を利用する文化が背景にあることはご理解いただけたでしょうか。定期的な人為撹乱の文化なくして、多様な生物相は継承されなかったのです。私が京都大学の定年を期にまとめた著書『景観の生態史観』（２０１２年）の副題を「撹乱が再生する豊かな大地」としたのには、こういう訳があったのです。この里山文化が戦後、大幅に変わってきました。そのため、フタバアオイの存続にも多大な影響が及ぶことになってきたのです。

戦後の昭和、高度経済成長の時代は人口増加を背景に都市化と工業化の時代でした。必然的に農地や山林が都市に飲み込まれ、自然地は縮小しました。原生林や天然林、湿地の開発と都市化が動植物の大敵だった時代です。「自然を守る」ためには、どうやって森林や農耕地から都市への改変に歯止めをかけるか、重要な場所に立ち入り禁止型保護区をどのように設定するかが、自然保護の主要命題だった時代です。

しかしながら、農業のやりかたとエネルギー源の変化が状況を一変させました。まず、化学肥料の普及で刈敷のための秣場が不要になりました。

プロパンガスが普及することで、薪炭林が放置されるようになりました。するとそれまで伐採されることで存続していたコナラやアベマキなどの成長の早い暖帯落葉樹林から、暗いところでも耐えてゆっくり成長するシイやカシ類など常緑樹の森、照葉樹林に変化していくことで、春植物の住み場所がなくなってきたのです。

里山だけではありません。林業を営む奥山でも安価な外材に押されて、スギやヒノキの植林地が間伐も収穫もされないので、混み合いすぎて林床が暗くなり、植物が消えてゆきました。また、茅葺《かやぶ》き屋根の材料を採集していた茅場も不要になり、穀物飼料の輸入で牛を放牧していた草原も利用されなくなりました。そのため草原が樹林となり、草原の植物たちとそれに依存する蝶たちに深刻な危機が訪れたのです。つまり、地域の自然資源ではなく、外国からの資源に依存するグローバリズムがフタバアオイを襲った危機の根っこにあるのです。

実は、これら草原などの植物たちには、大陸の比較的冷涼な草原と共通するものが少なくありません。水田のあぜ道に生えるワレモコウを見て、大陸と地続きだった氷河時代に大陸と日本に分布を広げたらしい植物群があることに気づいたのが京都大学に植物学教室を開いた小泉源一助教授（後に教授）でした。旧満州や朝鮮半島と共通ということで「満鮮要素植物」と名付けられたのでした。温暖化に伴う照葉樹林化に伴って、消えなかったのには理由があります。実は水田耕作や焼き畑、放牧など里地里山の自然資源利用の文化が生まれたことが、氷河時代からの植物との共存の原動力だったわけです。

かつては専門家からも原生林と比べて劣った自然、と思われることの多かった里山や水田です。でも、『自然を守るとはどういうことか』（1988年）という著書で、水田耕作の後背の秣場や焼き畑に、はじめて自然保護の脚光をあてたのが農業環境研究所の守山弘博士でした。適度に森に手をいれて、その再生能力を利用する里地里山では、水田や畑に加えて伐採直後や大きくなった森や草原などコンパクトに多様な生物生息環境のモザイク構造ができるのです。そのため、原生林にもまして多種多様な生き物が生息する里地里山が育まれてきたことをはじめて体系的に論証されたのです。

平成と「和の花」の危機

昭和時代後半の開発の時代に生物多様性に迫った、都市的開発による「第一の危機」に対して、平成時代は、里山管理放棄に伴う「第二の危機」が特に深刻化した時代といえます。生き物の共生をめざす「生物多様性国家戦略」が改定を重ね、多くの自治体でも「生物多様性地域戦略」がたて

られたにも関わらず、調査のたびに絶滅危惧種は増加。キキョウやフジバカマのような秋の七草に加えて、メダカやトノサマガエルまでレッドリスト（絶滅が危惧される生物種のリスト）に掲載される事態となりました。そして化石燃料とグローバリズムと都市化の進展だけでなく、生物生息環境に配慮の乏しい農業の基盤整備も特に里の水辺の生物に深刻な事態を引き起こし続けているのです。

ここに輪をかけて深刻な状態をもたらしているのが異常に繁殖したシカによる食害です。かつて天敵であったニホンオオカミの絶滅は二十世紀初頭のことですが、中山間地域の過疎化に伴う狩猟圧の低下が引き金となって、今世紀に入ってシカは大増殖。ササや灌木《かんぼく》、

防鹿柵の中だけに残ったフタバアオイ（大原野森林公園）

草本を食べ尽くす勢いです。なにせ、年率20%という高利貸し顔負けのシカ繁殖率なので、少々の捕獲では制御できません。その結果、生態系の大変容を引き起こしているのです。

京都府随一の原生林のある京都大学芦生研究林。森のあまりに感動的な景観に魅せられて、私が森林環境研究の道に進む動機となったこの森も悲惨な状態となってきました。戦前、中井猛之進という植物学者に「植物を学ぶものは一度は京大の芦生演習林を見るべし」と学会誌で評されたことがあります。筆者の学生当時、森を調査するには、笹を掻き分けて進む「藪こぎ」が必須でした。でも今世紀に入ったくらいからでしょうか、立派な原生林から低木や草本が消えていきました。見通しがよくなって、「藪こぎ」は死語に。その結果、過去に記録された約６００種の植物の一割以上がここ十年ほどは観察されていないとの悲しい事態になっています。葵祭に必須のフタバアオイの危機は、こうした一連の生態系大変動のひとつの現れといえます。生態系の大きな変化は、京都の伝統文化にも深刻な影響を与え始めたのです。

祇園祭の厄除け粽《ちまき》に使われるチマキザサも大変です。もともとスギ植林地の増加で里山落葉樹林が減少しているところに百年に一度ともいうササの開花枯死が発生。いつもなら実生で再生するはずがシカの餌食になってしまいました。あれほどいっぱいあったササが林床から消えました。おかげで京都の北山の花背地方から、質の良いチマキザサの葉を手早く収穫する伝統の技も失われようとしています。伝統和菓子の粽や京の笹寿司のササも今は東北から来ていると聞きました。ま、折詰めの仕切りに使うバランが緑のビニールになったのよりは、まだましかもしれませんが、悲しい話です。

このほか、あれほどそこら中の里山にいやというほどあったマツやツツジをはじめ、様々な伝統庭園資材や祭事の材料もひっ迫してきました。かつては日常的に利用していたからこそ再生して、利用できていたのです。木を切らないこと、シカの狩猟をしないことが、逆に自然資源の消失を招くという、皮肉な事態につながっているのです。

こうした事態に、なんとかかつての自然と文化を取り戻したいと考える人々もでてきています。「葵プロジェクト」はその先駆けです。さらにフタバアオイだけでなく、こうした伝統文化とも関わりのある植物で危機に瀕するものが少なくない現状に対して、(公財)京都市都市緑化協会では、これらを「和の花」と呼んで、系統の保存に取り組んでいます。また普及啓発小冊子を作成して六回にわたって、フタバアオイ、エイザンスミレ、オケラ、フジバカマ、キキョウ、ヒオウギ、キクタニギク、ショウジョウバカマ、クリンソウ、オミナエシ、カザグルマ、アヤメ、カワラナデシコ、ノカンゾウ、ホタルブクロ、ワレモコウ、エイザンカタバミ、カノコソウ、タムラソウを紹介しました。

キクタニギクは保全再生活動が始まっています。京都東山には秀吉の妻の寧々《ねね》ゆかりの高台寺。その高台寺十境のひとつ菊潭水から流れるのが菊溪《きくたに》と呼ばれる川です。キクタニギクは、この河原にかつて群生していた在来の野菊です。後藤典生圓徳院閑栖住職も昔はよく見かけたと証言されていますが、今や鬱蒼とした東山では絶滅しました。本居宣長はじめ文人にも好まれていた記録も残っているのですが、今は京都府全体でも絶滅危惧種となっています。そこで「京都伝統文化の森推進協議会（初代会長 山折哲雄、事務局 京都市林業振興課）」では、「キクタニギクの咲く菊溪川の再生へ」という取り組みを始めたのです。京都の西の山裾の大原野の方で辛うじて残っていた株の系統保存を手掛けていた緑化協会も協力してプロジェクトが進みつつあります。

京都・東山の菊溪から絶滅したキクタニギクは、
再生プロジェクトが進行中

「令和」とフジバカマ

「第二の危機」が進行した「平成」から心機一転、「令和」は伝統植物文化の根深い危機を乗り越える時代となるでしょうか。私は元号「令和」の出典である『万葉集』の再評価が鍵かも、と思っています。

……初春の令月にして、気淑《よ》く風和《やわら》ぎ、梅は鏡前の粉を披《ひら》き、蘭は珮後《はいご》の香を薫らす……

この天平2年（730）正月に大宰帥《だざいのそち》（大宰府政庁長官）大伴旅人の邸宅で開かれた梅花の宴の記録「梅の花の歌三十二首并《あわ》せて序」が元号「令和」の出典です。これまでの元号は中国の古典『四書五経』からだったのですが、今回は日本最古の歌集からということでまず注目されました。確かにそうなのですが、この重要なモチーフ「梅」は遣唐使が大陸から持ち帰ったものですし、「蘭」も大陸と深いつながりがあるのです。

発表当時、「梅」はマスコミで大きく取り上げられましたが、「蘭」はほぼ無視されました。「蘭」はいわゆるランではありません。香りのよいキク科の植物を指し、ここでは中国名を佩蘭《はいらん》とか、蘭草ともいうフジバカマを指すと考えられます。

なお、いわゆる東洋蘭も香りがよく、蘭花と呼ぶようになったのが、単に蘭となったと、園芸大辞典にあります。しかし代表的なシュンラン（春蘭）の記録が文献に現れるのは江戸時代のことで、生育地も主に山地のアカマツ林です。カンラン（寒蘭）の栽培が盛んになったのも明治時代のことです。花の時期もシュンランは4月頃ですし、カンランは秋なのでウメの花期とは重なりません。でもフジバカマの花期も秋で、初春には、芽が出たところです。では、なぜ梅花の宴に登場したのでしょうか。

それは、「蘭は珮後の香」で謎が一挙に解けるのです。フジバカマの干した葉や茎は、桜餅のようなよい香りがするので香袋が作られてきました。アサギマダラという渡りをする蝶のオスがメスを引きつける香りであるフェロモンの元を、この香草に求めて飛来することでも知られています。京都のお香の老舗 松栄堂では、自生種フジバカマをさし芽で繁殖させるときに余った植物体を利用して、その季節ならではのお香を作られています。

つぎに「珮後」なのですが、三位以上の貴族の礼服《らいふく》には、珮《はい》がつけられます。これは組み糸に玉を通し、胸の下から沓《くつ》のところまで垂らして、歩くときに鳴るようにした装飾品のことです。つまり、音を鳴らして通り過ぎると、フジバカマの香りが残る、という表現に合点がいきますね。

事実、秋に作成したフジバカマの匂い袋は翌年も香りを失いません。

でもここで知って欲しいのは、紫式部の『源氏物語』の第三十帖「藤袴」にも登場した、この野辺の植物が、今は全国的に希少となってしまったことです。本来の生育地である原野、つまり時に洪水等の撹乱に見舞われる河原や氾濫原が都市化と河川整備等で失われたことが、フジバカマが希少種となった大きな要因なのです。

『源氏物語』第三十帖の「藤袴」では、玉鬘がフジバカマの花を夕霧に御簾《みす》の下から差し入れ、

フジバカマに飛来した蝶のアサギマダラ
（梅小路公園・朱雀の庭）

おなじ野の露にやつるる藤袴
哀れはかけよかごとばかりも

と言い寄りました。当時の「野」にはフジバカマは普通に生育していたことがわかる表現です。つまり京都盆地の山城原野です。平安時代には「防鴨河使」という役職があるほど、大雨のたびに洪水氾濫が起こって土砂が堆積してできた緩扇状地《かんせんじょうち》に作られた京の都の周りには、北野や紫野など七野《しちの》、いわゆる原野が広がっていました。

この洪水氾濫は水辺の生態系に必須の攪乱なのです。でも里山の人為攪乱と同様に、多様な植物の存続と活力を保証する原動力であることは余り広く認識されていません。頻繁に洪水に見舞われるようなところは草本やヤナギ類、数十年に一度ならケヤキやムクノキ、エノキ、アキニレ、カエデ類などの河畔林となるのが自然の成り行きなのです。フタバアオイはこうした河川ぞいも重要な住み場所だったはずです。現代の河川整備、治水工事は都市の洪水被害を軽減した半面、攪乱に依存する水辺や原野の植物の存続の危機を招いたのです。

そのため、山上憶良が『万葉集』で詠んだ、「秋の七草」のうち、このフジバカマとキキョウは環境省レッドリストの絶滅危惧Ⅱ類。オミナエシも京都府では準絶滅危惧となり、「秋の四草」になりかねない、実に寂しい状況となってしまいました。なお、現在、園芸店で流通しているフジバ

『源氏物語』第三十帖・藤袴に登場したフジバカマ。
住吉具慶筆「源氏物語絵巻　三十帖」 MIHO MUSEUM 蔵

カマは紫式部の時代からある在来種ではありません。少し小ぶりで葉は細くて垂れず、花期は遅くて、赤紫色が濃いものが多く、村田源先生の論文では別種のニセフジバカマ（又はコバノフジバカマ）とされています。

では私たちの生活の安全と、さらに生存の基盤や文化の源泉となっている生き物との共生をどう実現すればいいのでしょうか。「令和」の時代を、ウメだけでなく、フジバカマやフタバアオイなどとも共生できる方向に進める鍵はどこにあるのでしょうか。

グリーン・インフラと雨庭

洪水被害をゼロにすることだけを目的として、強靭なハードだけで対応する「防災」は、想定内の大雨等の場合なら安全です。でもハードに頼って危険なところを住宅地に開発したりすると、想定レベルを超えた現象が起こった場合には却って悲惨な事態を引き起こします。また、さらに巨大ダムや防潮堤などの巨大構造物（コンクリートを象徴してグレイ・インフラといいます）は非常時の防災には役立つので

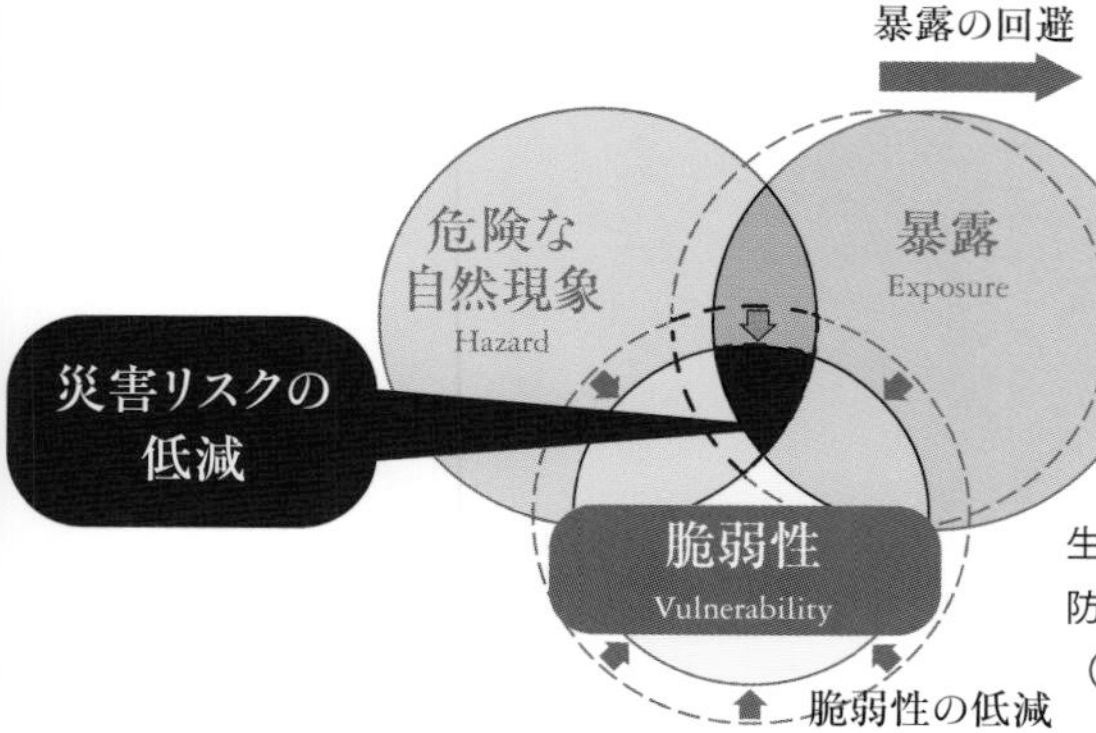

生態系を活用した防災・減災（Eco-DRR）（環境省パンフレット）

すが、日常的には自然環境に大きな負荷をかけ、生物多様性の危機の原因のひとつとされてきました。

そこで、「生態系を活用した防災・減災（Eco-DRR）」という考え方が世界的に広がってきました。大雨や地震などの困った自然現象（ハザード：H）が即、被害につながるのではなく、そこに居合わせるかどうか（暴露：E）、さらに備えがあるか（脆弱性：V）の三つの要素が重なったところで被害（災害：D）が発生するのです。なので、防災インフラだけでなく、危険なところには住まない等の土地の利用の仕方や、森林が持っている防災機能なども利用して被害を最小限にする「減災」に取り組もうということです。もともと災害の多い日本には、古来、このためのさまざまな知恵があります。巨大化した土木技術の「要塞型」の発想ではなく、日頃は自然の恵みを享受しながら非常時には「柳に風」と被害を最小限化する知恵が存在していました。

たとえば、大洪水の時は計画的に水をあふれさせるところをいくつか作って大被害を防ぐ霞堤という技術は武田信玄の発明です。普段は営農地ですが、非常時には遊水地となる、実に巧みなやりかたです。時に発生する洪水攪乱が生物の多様性の基盤となっています。嵐山の上流部・保津峡狭窄部のためにさらに上流域にあたる亀岡盆地では桂川の水位が大雨の時にすぐ増えるので、霞堤が作られています。でもその洪水常習地帯で、梅雨時の増水が天然記念物で絶滅危惧種アユモドキの繁殖と深く関連することが知られています。

堤防は安全神話とともに、海岸浸食という副作用ももたらします。アメリカ・ルイジアナ州ミシシッピ川の場合、半世紀以上にわたって洪水を許さない堤防建設を行ってきた結果、数億年間の堆積で発達してきたデルタが、縮小に転じたのです。川が運ぶ土砂は氾濫堆積せずにメキシコ湾の深みに流れ込むことになり、沿岸は深刻な海岸浸食に悩んでいました。そのため、あのハリケーン・カトリーナの高潮が浅瀬で減衰せずに押し寄せた結果、破堤してニューオーリンズの八割が水没しました。ルイジアナ州立大学の環境デザインの先生曰く「天災というよりも、堤防の安全性を前提に開発された住宅地に深刻な被害をもたらした人災」とのことでした。日本でも全国で深刻な海岸砂浜侵食が進行中です。

また伝統的日本庭園には、大雨対策が巧みに盛り込まれています。江戸時代は桂川の恵みで舟遊びも楽しむことができた桂離宮庭園は、洪水リスクと隣合わせです。その解決策のひとつが川堤沿いのハチク林です。現代の言葉で言えば洪水防備林です。また自然堤防微高地に建築されている書院群は高床式で、実は洪水氾濫で床下浸水は想定済みだったのです。昭和の大修理の際に、柱の床下部に十回を超える氾濫跡の線が残っているのが確かめられました。それでも創建から四百年間無事であったということは、Eco-DRRの見事なまでの美しい解と言えるでしょう。

禅寺の歴史的に育まれた思想、建築と庭園の様式にも、大雨に対する

左上・柱に床下浸水跡が10数本残る、桂離宮の高床式の書院群
左下・桂離宮庭園の桂川沿いのハチク林とハチクの生け垣

賢い適応のデザインを見ることができます。「枯山水」、「枯流れ」は単に見た目を考えたデザインではありません。大きな方丈建築からの大雨時の雨水処理の観点から、雨水の浸透と貯留にたいへん有用です。また「放生池」も敷地からの雨水の流出制御のための、現代風に言えば調整池の役割りを果たしていると言えるのです。

この雨水の貯留浸透機能を重視した庭園を「雨庭《あめにわ》」といいます。アメリカなどのＬＩＤ（低環境負荷型都市開発）で要素技術として提案された「雨庭」の考え方は１９９０年ころから瞬く間に世界中に広まりました。単なる雨水流出制御にとどまらない「庭園」の多機能性が大きな特徴です。でも、もともと雨の多い日本では、伝統的な庭園が優れた雨庭機能を持っていることに気づきました。そこで、山下三平教授（九州産業大学）らと伝統的雨庭研究会という研究グループを作って、こうした伝統的な知恵を現代に生かすことができるように、科学的視点から再評価する研究を推進しています。

新型コロナ禍からのグリーン・リカバリー

二十世紀初頭のスペイン風邪以来、とも言われる新型コロナウイルス感染防止のため、葵祭の行列も、みんなで育てたフタバアオイを上賀茂の森に奉納する行事も残念ながら中止となりました。あってほしくない現実ですし、被害拡大防止や被害者救済は急務です。でも決して想定外の出来事でもありません。私の専門の景観生態学の教科書には、景観を形作る原動力は大小さまざまの「攪乱」であって、感染症もそのひとつとされています。

アフリカ等で感染症対策に関わってこられた長崎大学熱帯医学研究所の山本太郎教授の解説には目からウロコが落ちました。都市や文明は「感染症のゆりかご」として機能してきていて、なんと、多くの感染症を抱えた文明は強靭とのこと。そういえば、わずか二百名足らずのスペイン人がインカ文明を滅ぼした背景に天然痘があったことは、ピューリッツァー賞を受賞した著作『銃・病原菌・鉄』でJ．ダイアモンドも指摘しています。多くの感染症は広がる過程で潜伏期間の長期化と弱毒化の傾向があります。なぜなら病原体にとって人間は大切な宿主。だから徹底した感染防止策をとることで広がる速度を抑えると、新たな宿主を見つけづらい状況になって、弱毒化したウイルスが成功するようになります。感染症は「撲滅するべき悪」ではなく、ウイルスとの共生の道を探るべきとのことです。

そういえば、コロナ禍は凄まじい被害をもたらしている一方で、汚染されていた大都市の空気は澄み、イタリアのベネツィアの水が澄んでイルカが見られたという報道もあります。そこで、再生は元の汚染状態に戻るのではなく、EUはグリーン・リカバリーを掲げて、再生可能エネルギーや有機農業推進に取り組むそうです。この禍を未知のウイルスの宝庫である自然地を保護するとともに、行き過ぎたグローバリズムや過密都市を見直す機会にしないといけないと思います。私は、雨庭まちづくりが気候変動に伴って増加する豪雨災害への賢い対応になるだけでなく、「健康インフラ」という視点でもたいへん有意義な手段となると考えています。なぜなら、ウイルスに対抗するには、感染やワクチン接種で得られる免疫だけが武器なのではなく、もともと人間に備わっている、異物を排除する自然免疫が基本だからです。

免疫学の大家、宮坂昌之博士によると、予防には、ウイルスのいそうな所に行かないこととともに、自然免疫を維持することが重要で、そのためには、体内時計を狂わさないこと、つまり、生活リズムを守ること、積極的に体を動かして、血流とリンパ流を良くすること、程よい量とバランスの良い食事、ストレスを避けて、副腎からコルチゾールというホルモンが作られるのを避けること、が大事だそうです。そうした生活のために雨庭まちづくりが貢献します。

これまで、環境問題については、さまざまな汚染に関して環境基準が作られてきましたが、一方で、よい環境がどのように健康を増進し、医療に貢献するか、という研究がたいへん少ないのが残念です。そのなかで、ウルリッヒの研究が著名なので紹介しておきます。彼は、雑木林の見える部屋の患者と、レンガ壁の見える部屋の患者の、手術後の回復状況を記録し、自然風景が良好な回復に寄与することを入院日数ほか、いくつかの根拠で示したのです。

私は大阪万博公園の森で、京都府立医科大学の免疫学の先生らと、がん患者のスピリチュアルケアのための次世代型統合医療（緑の環境を生かし、西洋医学と代替医療を組み合わせた医療）の実証実験に取り組んだことがあります。森林ウォーキング、園芸セラピー、芝生でのヨーガ、グループ療法を組み合わせて週一回12セッションで評価したところ、免疫細胞活性化、スピリチュアリティ、疲労感改善によい効果が確認できたのです。今こそ、人と地球の健康に貢献する雨庭をそこかしこに実現して、皆でフタバアオイやフジバカマはじめ、「和の花」を楽しめる環境を作っていけないでしょうか。

平安京の雨庭、神泉苑を手掛かりに

その方向を示唆する出来事を最後に紹介します。中止となった祇園祭は、もともと疫病退散のための祇園御《ご》霊《りょう》会《え》が起源の祭事です。令和2

年（2020）はパンデミック襲来の年ならではの御霊会が、貞観11年（869）を再現するように、同じく6月14日に催行されました。そこで使われた植物はキク科多年草のオケラ。京都府レッドデータブックでは絶滅危惧種です。その場所、神泉苑は平安京随一の規模の湿地を庭園としたところです。これからのコロナ禍からの自然を活かした復興、グリーン・リカバリーを考える上で、これはたいへん示唆的でした。

疫病や天変地異は不慮の死を遂げた者の怨霊による祟り。御霊会とはその怨霊の鎮魂のための儀式のことです。平安京の禁園であった神泉苑は応仁の乱などで荒廃、二条城の堀に水を取られ、都市化で大幅縮小し、現在は真言宗寺院の小さな苑池となっています。でも、令和2年には祇園祭の祭神を祀る八坂神社との協力が実現し、明治政府による神仏分離令以降初めてとなる、神仏習合の祈りが実現したのです。

4月8日には、かつての広大な神泉苑の南端にあたる又旅社で、5月20日には八坂神社で、続いて最終三回目となる、現在の神泉苑における御霊会でも、まず朮火《おけら》が焚かれました。毎年、大晦日には八坂神社や北野天満宮の「をけら詣り」でも焚かれます。その火を吉兆縄に移して持ち帰り、元旦のお雑煮を炊いて無病息災を願う風習は、今の京都でも受け継がれています。

このオケラの地上部の茎葉が秋になって枯れる頃に、根茎を掘り上げ、洗って外皮のコルク質を除いて陰干ししたものを生薬の白朮《びゃくじゅつ》といいます。

お正月にいただくお屠蘇《とそ》にも入っています。

「山でうまいはオケラにトトキ（＝ツリガネニンジン）
　里でうまいはウリ　ナス　カボチャ　……」

と長野県の里謡《りよう》で歌われるように、若芽は魅力的な食材でもありました。私の学生時代には明るいアカマツ林でよく見かけたのですが、今や野山では見ることも困難です。だから神事で使用されるオケラもほぼ輸入品となっているようです。

京都市都市緑化協会で系統保存中のオケラ。疫病退散の御霊会では、まずこの根茎が焚かれた

さらに、今回強調したいのが、御霊会が斎行された場所、神泉苑の立地条件である、氾濫原の湿地や原野の植物の危機です。平安京の大内裏のすぐ南に位置した湿地を禁園とした神泉苑は、南北四丁東西二丁（一丁は約120m）とたいへん広大でした。弘法大師らの雨乞いの聖地としてもよく知られています。この神泉苑は、平安京の中の遊水地の役割りもはたす大きな雨庭であったともいえます。当然そこには、さきに紹介したフジバカマをはじめ秋の七草、春の七草もこうした立地に普通だったと思えるのです。事実、現在の御所に隣接した洛中で、和歌の文化を継承されている冷泉家のお屋敷があるのですが、この庭園には今も本来のフジバカマの野生系統が継承されているのです。山野で絶滅危惧のキキョウも健在です。園芸店のキキョウは小型の園芸品種ですが、冷泉家の庭園には、なんと、人の背の高さにも成長する、野生の遺伝子を持ったキキョウが存続しているのです。

京都市は、雨庭まちづくりの内水氾濫抑制だけでなく、緑化の多様な効果を期待して平成30年（2018）に四条堀川の交差点（東南角）に初の街路型の雨庭を完成させました。京都を代表する銘石のひとつ貴船石なども用いられた質の高い庭園は管理もたいへんですが、近隣の市民が貢献することで可能となったのです。今後、全市で雨庭整備事業を展開していくことになっていますが、「和の花」の育成を含む維持管理に、近隣市民の参加が得られるかどうかが、成否の鍵を握るでしょう。

フタバアオイの保護増殖への関心を契機に、地球環境と地域の環境に理解が深まり、雨庭まちづくりで自然共生の「令和」の時代が展開していくことを願っています。

市民公募型緑化事業として目抜通りの四条堀川交差点に完成した、京都市初の雨庭。
日頃の庭掃除は近隣住民が担い、竹フェンスは地元竹材店の寄贈

水が結んだご縁

神山湧水珈琲 煎と上賀茂神社

味の素ＡＧＦ株式会社

出逢い

はじまりは、水のご縁でした。

平成27年（2015）、味の素ゼネラルフーヅ（当時）は、日本の水に合うコーヒー「ジャパニーズコーヒー」の開発を進める上で、日本各地の名水を研究している最中でした。その中で、二千六百年以上にわたり、京都一帯の水を司ってこられた世界文化遺産・上賀茂神社の存在を知ります。早速、プロジェクトチームは神社を訪問。そこで大きな感銘を受けることとなります。

神社の奥に鎮座する神山《こうやま》から脈々と流れる湧き水「神山湧水《こうやまゆうすい》」が、境内の手水舎《てみずしゃ》にまで流れていたのです。口を清めるや否や、清くまろやかな舌触りに魅了されてしまいました。味わいだけではありません。神山は、賀茂別雷大神《かもわけいかづちのおおかみ》が降り立った聖地とされていること。上賀茂神社の象徴ともいえる立砂《たてすな》は、神山を模して作られたものであること。さらにはこの年、二十一年に一度といわれる正遷宮《しょうせんぐう》を控えておられていること。神社の方々からいろいろな話を聞かせていただき、神社のみなさまが神山湧水を、長い間守り続けてこられたことに、深い畏敬の念を感じました。我々は、この境内を流れる神山湧水を持ち帰らせていただき、この水を活かすコーヒーの開発に取り組むことを決心しました。

手水舎を満たす清き神山湧水

神山湧水珈琲ができるまで

京都から神山湧水を持ち帰ったプロジェクトチーム一行は、水の分析に取り掛かります。詳細を調べたところ、軟水の中でも特に軟らかい水質であることが判明しました。これは日本の水の特徴をよく表したものであり、神山湧水を活かす珈琲の開発こそが、同時に「ジャパニーズコーヒー」の根幹となることを確信しました。ブレンドの調合や焙煎のパターンなど、幾度にも及ぶ試行錯誤の結果、神山湧水でコーヒーを淹れると渋みが弱くなり、全体の風味がマイルドになることを突き止めました。味わいの方向性は見えてきましたが、まだ何かが足りない。神山湧水に合うだけでなく、神山湧水のポテンシャルを最大限に活かした珈琲、という決め手に欠けていたのです。

プロジェクトに暗雲が漂う中で、メンバーのひとりが、あることを思い出しました。以前、神社にお伺いしたときにいただいた、京番茶と茶菓子です。京番茶の焙煎香をヒントに、深煎りしたコーヒーをブレンドすることによって、マイルドなコーヒーに焙煎香というアクセントをつけたところ、これが神山湧水と非常に相性が良く、一気に進むべき方向性が加速したのです。試作のコーヒーを田中安比呂宮司をはじめ神社のみなさまにお飲みいただいたところ、非常に高い評価をいただくことができたことで、プロジェクトチームのモチベーションはさらに高まり、改良を続けた結果、神山湧水珈琲は完成。「神社と珈琲」という世界にただひとつの組み合わせによるこの珈琲は、水のご縁からはじまり、幾度にも及ぶチャレンジのもと、ひとつにつながっていくのです。

「神山湧水珈琲」を、東日本大震災で被災した東北の窯元を支援する
「器の絆プロジェクト」から生まれたコーヒーカップでおもてなし

式年遷宮記念文化事業

　神山湧水珈琲の完成の際、この珈琲をぜひ多くの方に味わっていただく機会を作りたい、というお願いを神社のみなさまに相談したことで、神山湧水珈琲の運命がさらに大きく変わりました。前述しましたように神社にとっても平成27年は二十一年に一度の正遷宮が控えており、式年遷宮最高潮の年という大事な年でもありました。味の素ゼネラルフーヅ（当時）は神社のみなさまと話し合い、「世界文化遺産 上賀茂神社式年遷宮記念文化事業」として「水の大切さと文化」を伝えていく取り組みにまでスケールアップしていきます。5月、7月、10月の三回、神社の境内でしか味わうことのできない珈琲をふるまうというAGFならではの方法で式年遷宮のお祝いに彩りを添えました。お出しする器は、東北の窯元が焼き上げた陶器のコーヒーカップ。あるとき、東日本大震災以来毎日、東北の復興をお祈りしているとのお話を田中宮司からお聞きしたことがありました。AGFでも、震災で被災した東北の窯元を支援する、「器の絆プロジェクト」の活動をしていることから、ならばぜひ東北の器でおもてなしをしよう、ということに。水からはじまった上賀茂神社とAGFのご縁は、東北の震災復興支援という面でも賛同、共鳴していきました。なお「器の絆プロジェクト」も、現在まで継続して活動しております。

　そして式年遷宮の特に重要な儀式である「正遷宮」を神社のご協力のもと、昭和12年（1937）にNHKラジオで中継放送されてから数えて実に七八年ぶりとなる生中継を、AGF特設サイトからインターネットにて放映。全国の方々と一緒にお祝いすることができました。これらの文化事業を通して、葵プロジェクトのみなさまにもご協力いただき、さらなるご縁が広がっていきました。

世界にただひとつの
神山湧水珈琲 誕生!

上賀茂神社 第42回式年遷宮を
お祝いし、境内を流れる名水、
神山湧水を活かしてつくられた
「神山湧水珈琲」を野《の》点《だて》珈琲ブース
にて参拝者にふるまい、
「水の大切さと文化」とともに、
自然を敬う心を伝えました。

水のご縁を、これからも

神山湧水珈琲の提供がきっかけとなり、新たな珈琲の製品化への動きが加速しました。コンセプトは、和菓子に合う珈琲。神山湧水珈琲完成の決め手となった、京番茶と一緒にいただいた茶菓子との相性が抜群だったことから、神山湧水珈琲が新製品開発のベースとなりました。これが日本の味覚に寄り添う繊細な味わいのドリップコーヒー「煎」となり、みなさまのお茶の間でもお愉しみいただくことができるようになりました。

また、式年遷宮記念文化事業を通して社内でも変化が起きました。AGFでは以前より、水の保全のための森づくり活動「ブレンディの森®」を行っておりますが、永きにわたり自然を守り続けてきた上賀茂神社の姿勢に賛同し、毎年、式年遷宮に使用する檜皮《ひわだ》を採取するヒノキの植樹エリアの下草刈り、除伐、獣害対策に協力する活動を行うようになりました。水から森へ、そして自然全体へ。活動を通じて、水の大切さと自然の豊かさを未来に伝えていきたいと考えております。

上賀茂神社との水のご縁は、今も続いております。平成29年の2月に行われた横綱白鵬関の奉納土俵入り、平成30年の3月に行われた十代目松本幸四郎襲名を記念した奉納舞台の際も、お越しいただいた方々に対して、珈琲のおもてなしをいたしました。また、式年遷宮のお祝い以来、神社にて披露宴を執り行われる際、お越しいただいた

平成 31 年 4 月、鎮座以来およそ 2600 年、初の常設お休み処が開設。「神山湧水」で淹れる極上の「神山湧水珈琲」をいつでもお愉しみいただけます（現在、お休み処は珈琲ブースのすぐ隣に移設）。

神山湧水珈琲｜煎

場所	上賀茂神社境内
営業	10:00 ～16:00（無休）
tel.	075-781-0011

みなさまに珈琲を提供することが定着。東北の器で提供するスタイルも当時と同じです。平成31年には、神社社務所の隣に常設の珈琲スタンド「神山湧水珈琲 煎」が開設され、いつでも珈琲を提供できる環境をお作りいただきました。珈琲スタンドと共に併設されましたお休み処は、参拝される旅行者だけでなく、地元の方々にも、憩いの場として愛されていると聞いております。

「いつでも、ふぅ。」

をコーポレートスローガンに掲げています通り、味の素ＡＧＦは、コーヒーをはじめとする嗜好飲料とギフトを通して、「ココロ」と「カラダ」の健康、そして明日のよりよい生活に貢献してまいります。加えて水のご縁からはじまった上賀茂神社、そして、葵プロジェクトのみなさまとのつながりをよりいっそう大切にして、文化事業を継続していきたいと考えております。

神山湧水珈琲

AGF 煎 【SEN】 COFFEE

水の大切さと自然の豊かさを、未来に

式年遷宮記念文化事業は継続しております。歴代社長は、主要な神事や行事に参加させていただき、宮司との語らいにはいつも間に「神山湧水珈琲」があります。

平成 27 年から始まった「上賀茂神社の森づくり活動」。神山湧水を守り育み、社殿の檜皮屋根の檜皮の材料となるヒノキを獣害から守るためのネットの取り付けや下草刈りなど、上賀茂神社の森を保全する活動が続けられています。

「葵プロジェクト」活動紹介

一般財団法人　葵プロジェクト事務局

葵育成プログラム

小学校を中心とした教育機関や企業・団体・個人の皆様に「育て親」となっていただき、葵を育てるプログラムです。育てていただいた葵は上賀茂神社の葵の森を経て、伝統祭事「葵祭」を彩るのに用いらせていただきます。

葵の芽吹き

３月　葵の株分け

フタバアオイの芽吹きにあわせ、３月下旬ごろから株分けが始まります。
上賀茂神社の社務所でお求めいただけます。
遠方のかたにはWEBでのお申込みもご用意しております。

奉納いただいた団体名の記載された名札

５月　葵の里帰り

皆様に育てていただいた葵を上賀茂神社境内の葵の森に奉納していただいております。

５月の初旬に葵の里帰り式を行います。地元の子供たちや、たくさんの企業の社員がご自身が育てた葵を手に参加されます。

修学旅行の生徒たちが育てた葵を上賀茂神社境内に植栽

葵の里帰り式式典

愛知県東邦高校の生徒たちは、海外交流学生とともに植栽

葵の里帰り式参加者による葵の森への植栽

教育・伝播

小学校をはじめ、中学、高校などの教育機関へ株を分け、実際に生徒たちに植えて育てていただきます。

生徒たちは葵を育てる中で、歴史や文化にも興味を持つようになり、またふと見逃してしまうような大切な「もの」や「こと」に気付いていきます。

吉江葵の会（福井県鯖江市）の皆様から奉納

浜松遠州葵の会の皆様から奉納

京都府内外の小学校に株分け　初めて見る葵に興味津々です。これから始まる葵を育てる一年の準備をします。

葵の教室　葵の自生する環境を理解し葵を育てていきます。伝統祭事である葵祭を身近に感じることにより、葵祭だけでなく自然に寄り添ってきた日本の伝統文化への理解と思いが深まります。

高校での授業　京都文化入門講座風景（京都府立鴨沂高等学校）。葵プロジェクトの活動について体験的・探究的に学ぶことで、京都の文化・伝統・歴史に関心や理解を深めるとともに社会参画のありようなどを学びます。

実習　実際に苗を植えていきます。この日は土の中からカブトムシの幼虫が現れ、とても賑やかな実習となりました。

葵祭のお手伝い

地域のかたや近隣の小学生たちと、葵桂の奉製。子供たちは茎が折れないように慎重に行います。

葵桂《あおいかつら》の奉製《ほうせい》

葵祭の本番前、各地から届いた葵を使って、葵を桂の葉とともに飾りに組む「葵桂の奉製」のお手伝いをします。

葵祭の当日

葵のブースを神社境内の藤棚の下に設置。各地の葵の会のメンバーが株分けの担い手となり、葵を育てる奮闘話で盛り上がり、葵祭に訪れるかたの葵のサロンとなっています。

静岡葵の会・和歌山葵の会の方々による株分け

文化活動

葵を通した文化の伝承を行っています。文化講座をはじめサミットやフォーラムを開催。人・自然・文化の未来を考えていきます。

文化講座

葵を軸とした自然に寄り添う文化講座を開催しています。

静岡での講演。小学生と交流

葵サミット

各地の生徒たちが葵を通して学んだことを発表します。葵の観察だけでなく、郷土の自然について発表フォーラム、自然や文化をテーマに未来を考えていきます。知事や専門家の先生をお迎えし、歴史や伝統文化のお話をうかがいました。

サミットに参加した生徒たち

フォーラム

葵使。上賀茂神社出立の場面

葵使《あおいつかい》

上賀茂神社に収蔵されていた古文書の記載から発見された「葵使」。葵使は上賀茂神社から静岡・駿府城まで、フタバアオイを徳川家に届ける様の再現。地元、また静岡県の地域のかたの協力を得て、再現しております。

上賀茂神社式年遷宮記念文化事業のお手伝い

上賀茂神社の境内で神山湧水珈琲を淹れる様子

神山湧水珈琲 野点《のだて》
バリスタの衣装に葵桂

バリスタの烏帽子《えぼし》には葵桂の飾りを準備させていただきました。清らかな水で作られた世界にただひとつの珈琲。水の大切さを知る日となりました。

賀茂献灯祭

上賀茂神社の式年遷宮をお祝いして行われる、賀茂献灯祭（夜間特別参拝）のお手伝いをいたしました。

提灯を手に、本殿まで参拝していただきました

森林復活活動

神山《こうやま》から上賀茂神社を「古《いにしえ》の森」として復活を目指す活動です。現在、絶滅危惧にあるような「和花《わばな》」を植栽、それに伴う昆虫等の導きなどフタバアオイだけではなく、京都、また日本に古来からある自然環境を復活させ、共生のシンボルである「里山」の具現をめざしています。

イラストの少女が見つめている先は、まだ森に色が塗られていません。この先に色を塗り、豊かな森が広がるように努力していきたいと思っております

山城国一ノ宮　世界文化遺産

上賀茂神社（賀茂別雷神社）

〒603-8047
京都市北区上賀茂本山339
tel.075（781）0011

アクセス
車で、JR京都駅より約30分、
地下鉄北大路駅より約10分。
地下鉄烏丸線北山駅より徒歩15分。
市内各所より、市バス4系統、
46系統、67系統で
「上賀茂神社前」下車。

参考文献一覧

葵からひもとく食文化の源流　熊倉功夫

岩井宏實、日和祐樹『神饌—神と人との饗宴—』1981年、同朋舎
『定本日本料理』「様式」1979年、主婦の友社
『日本料理歳時大観』「伝承十二月」1980年、主婦の友社
田中宣一「神饌にみる主神と他の神々」『儀礼文化』七号
「賀茂祭調査報告特集」、1985年、儀礼文化学会
須磨千頴「嘉元三年御遷宮記」「『賀茂文化研究』四号、1995年、賀茂文化研究所

日本の二葉葵とアイルランドのシャムロック　鎌田東二

メンデル・テイラー『伝道の歴史的探求』小出忍他共訳、1977年、福音文書刊行会
井村君江『ケルトの神話—女神と英雄と妖精と』1983年、筑摩書房
鎌田東二『宗教と霊性』1995年、角川選書
M・J・グリーン『ケルトの神話』市川裕見子訳、1997年、丸善
ウィリアム・アンダーソン著、『グリーンマン—ヨーロッパ史を生きぬいた森のシンボル』坂倉克子訳、1998年、河出書房新社
鎌田東二・鶴岡真弓編『ケルトと日本』2000年、角川選書
夏目博明「アイリッシュ・アメリカンのステレオタイプ シャムロック編」『青山スタンダード論集』第五号、2010年、青山学院大学
夏目康子「アイリッシュ・アメリカンの歌におけるアイルランドの表象:追放された国からHeavenへの道」『大妻女子大学紀要』第52巻、2020年、大妻女子大

二葉葵（フタバアオイ）から見る地球環境と雨庭　森本幸裕

森本幸裕編著『景観の生態史観—攪乱が再生する豊かな大地』2012年、京都通信社

宇野 日出生（うの ひでお）

（一財）葵プロジェクト理事

昭和30年（1955）、滋賀県生まれ。
國學院大學大学院日本史学専攻修了・
同大学神道学専攻科修了。小槻大社宮司・
賀茂別雷神社史料編纂会委員・滋賀県文化財
保護審議会委員。令和3年、神道文化功労者表彰。
同志社大学・京都女子大学・京都橘大学講師。
同3月まで四十年近くにわたり、
京都市歴史資料館の研究職員として、
京都の歴史や文化に関わる調査研究に従事。
著書に、『八瀬童子 歴史と文化』（思文閣出版）、
『京都 町家の老舗』（宮帯出版社）、
『近江の神道文化』（サンライズ出版）他多数。

熊倉 功夫（くまくら いさお）

（一財）葵プロジェクト代表理事

昭和18年（1943）、東京府生まれ。
東京教育大学文学部日本史学科卒業。文学博士。
筑波大学教授、国立民族学博物館教授、
林原美術館館長等を経て、
現在、MIHO MUSEUM 館長。
国立民族学博物館名誉教授。
日本の料理文化史のほかに、民芸運動・茶道史・
寛永文化など幅広く研究。2013年中日文化賞
受賞。2020年京都府文化特別功労賞受賞。
著書に、『茶の湯―わび茶のかたち』（中公文庫）、
『日本料理文化史』（講談社学術文庫）他多数。

鎌田 東二（かまた とうじ）

（一財）葵プロジェクト評議員

昭和26年（1951）徳島県生まれ。
國學院大學大学院文学研究科神道学専攻博士課程
単位取得退学。文学博士。
岡山大学大学院医歯学総合研究科社会環境生命科学
専攻博士課程単位取得退学。
現在、上智大学大学院実践宗教学研究科特任教授、
同大学グリーフケア研究所所員。京都大学名誉教授。
著書に、『聖地感覚』（角川学芸出版）、『超訳 古事記』
（ミシマ社）、『南方熊楠と宮沢賢治』（平凡社新書）、
『負の感情」とのつき合い方』（淡交社）他多数。

森本 幸裕（もりもと ゆきひろ）

（一財）葵プロジェクト理事

昭和23年（1948）、大阪府生まれ。
京都大学名誉教授、農学博士。
専門は環境デザイン学・景観生態学。
京都造形芸術大学、大阪府立大学、京都大学、
京都学園大学等で教授、国際景観生態工学学会連合
（ICLEE）会長、文化審議会第三専門調査会長等を歴任。
現在、（公財）京都市都市緑化協会理事長、
（一社）いきもの共生事業推進協議会代表理事、
（一社）自然環境共生技術協会会長、
（公社）京都モデルフォレスト協会副理事長等を務める。
日本造園学会賞、日本造園学会上原敬二賞、
日本公園緑地協会北村賞受賞。

京都 上賀茂神社と水のご縁

葵《あふひ》

令和三年十月一日　初版発行

監　修――一般財団法人 葵プロジェクト
協　力――味の素ＡＧＦ株式会社
発行者――納屋嘉人
発行所――株式会社淡交社
本社　〒六〇三―八五八八 京都市北区堀川通鞍馬口上ル
電話　営業　〇七五（四三二）五一五六
編集　〇七五（四三二）五一六一
支社　〒一六二―〇〇六一 東京都新宿区市谷柳町三九―一
電話　営業　〇三（五二六九）七九四一
編集　〇三（五二六九）一六九一
www.tankosha.co.jp

印刷・製本――シナノ書籍印刷株式会社

ISBN978-4-473-04483-9

デザイン――阿部美樹子
「水」題字――田中安比呂（賀茂別雷神社 宮司）

（一財）葵プロジェクト
https://afuhi.jp

上賀茂神社（賀茂別雷神社）
https://www.kamigamojinja.jp//

《神山湧水珈琲｜煎》（味の素AGF株式会社）
https://www.agf.jp/concept/kouyama